DINÁMICA DE GRUPOS EN FORMACIÓN DE FORMADORES: CASOS PRÁCTICOS

Carmen Torres Medina
Mª José Pérez de Villar Ruiz

DINÁMICA DE GRUPOS EN FORMACIÓN DE FORMADORES: CASOS PRÁCTICOS

Herder

Diseño de la cubierta: Collage Comunicació

© 1999, Mª José Pérez de Villar Ruiz y Carmen Torres Medina
© 1999, Herder Editorial, S.L., Barcelona

3.ª edición, 6.ª impresión, 2018

ISBN: 978-84-254-2102-0

Cualquier forma de reproducción, distribución, comunicación pública o transformación de esta obra solo puede ser realizada con la autorización de sus titulares, salvo excepción prevista por la ley. Diríjase a CEDRO (Centro de Derechos Reprográficos) si necesita reproducir algún fragmento de esta obra (www.conlicencia.com).

Imprenta: Sagràfic
Depósito legal: B-13.650-2010

Printed in Spain – Impreso en España

Herder
www.herdereditorial.com

A Sixto Cubo Delgado, por ser nuestro «manager» y guiarnos en la consecución de este libro.

ÍNDICE

Introducción general 11

Capítulo 1
PROGRAMACIÓN 17
    Introducción 17
    Dinámica 1: Programación de una actividad 21
    Dinámica 2: Caso Isla 22
    Dinámica 3: Estudio de un caso: Una unidad verdaderamente suya ... 25

Capítulo 2
ESTILOS DE DIRECCIÓN 27
    Introducción 27
    Dinámica 1: Capacidad y actitudes. ¿Es usted un tipo «X»
    o un tipo «Y»? 31
    Dinámica 2: Estilos docentes 35
    Dinámica 3: Estilos de dirección 37
    Dinámica 4: Identificación de la propia imagen como docente ... 38

Capítulo 3
COMUNICACIÓN 43
    Introducción 43
    Dinámica 1: Casa, árbol, perro 47
    Dinámica 2: El mensaje del rostro 48
    Dinámica 3: Juego experimental. Círculo, cadena, estrella 50
    Dinámica 4: Diálogo controlado 54
    Dinámica 5: Clínica del rumor 56
    Dinámica 6: El recorrido de la comunicación 60
    Dinámica 7: Comunicación a partir de inferencias 62
    Dinámica 8: Música para una vaca 65
    Dinámica 9: Otro día 66
    Dinámica 10: Las comunicaciones escritas 68
    Dinámica 11: La imagen de mi yo 70
    Dinámica 12: Yo lo miro así 73

Capítulo 4
FEED - BACK 75
Introducción 75
Dinámica 1: Los rectángulos de Leavitt 78
Dinámica 2: La ventana de Johari 83
Dinámica 3: La leyenda hindú 91
Dinámica 4: Intercambio de siluetas 92
Dinámica 5: Elección de profesión 93

Capítulo 5
APRENDIZAJE 95
Introducción 95
Dinámica 1: Inventario de estilos de aprendizaje 101
Dinámica 2: Refuerzo y motivación 104
Dinámica 3: El sistema de numeración worabura 105
Dinámica 4: El sistema de numeración odoboko 107
Dinámica 5: Solución de problemas 1 109
Dinámica 6: Solución de problemas 2 110
Dinámica 7: Estudio de un caso: Una alumna que siempre llega
   tarde 111
Dinámica 8: Estudio de un caso: Un caso grave de ansiedad ante
   los exámenes 112
Dinámica 9: Estudio de un caso: La estampida 113

Capítulo 6
ACTITUDES 115
Introducción 115
Dinámica 1: Caso Elle 119
Dinámica 2: El aborto 121
Dinámica 3: Tipología de alumnos 124
Dinámica 4: Guía para tratar a cada participante según su
   personalidad 131

Capítulo 7
Percepción 137
Introducción 137
Dinámica 1: El problema de los nueve puntos 144
Dinámica 2: Ejercicio del cuadrado 145
Dinámica 3: Mujer anciana, mujer joven 148
Dinámica 4: Las figuras 149

Dinámica 5: Percepción interpersonal 150
Dinámica 6: Las ilusiones ópticas 153

Capítulo 8
MOTIVACIÓN 155
　Introducción 155
　Dinámica 1: Por qué merece la pena esforzarse 160
　Dinámica 2: Estudio de un caso: Brillante pero apáticos 163
　Dinámica 3: Estudio de un caso: Incremento de la motivación
　　de logro 164
　Dinámica 4: Juego de roles, conductas ante la frustración 165

Capítulo 9
GRUPOS 167
　Introducción 167
　Dinámica 1: El misterio del secuestro 169
　Dinámica 2: Construcción de una torre 172
　Dinámica 3: Juego espacial de la Nasa 175
　Dinámica 4: Grupo en imagen 180
　Dinámica 5: El árbol genealógico 181
　Dinámica 6: Juego de rojos y negros 183
　Dinámica 7: Caso Martina Leroy 187
　Dinámica 8: Las prioridades 192
　Dinámica 9: Las figuras de Poffemberger 194

Capítulo 10
TOMA DE DECISIONES Y SOLUCIÓN DE PROBLEMAS EN GRUPO 199
　Introducción 199
　Dinámica 1: La herencia 202
　Dinámica 2: Juego de prisioneros 204
　Dinámica 3: Operación suburbio 207
　Dinámica 4: Grupo de la Onu 211
　Dinámica 5: Ejercicio del cuadrado 214
　Dinámica 6: En el planeta Atlantis 217
　Dinámica 7: Mipps y Wors 221
　Dinámica 8: La oficina 223

Bibliografía 227

INTRODUCCIÓN

El desarrollo de la dinámica de grupos en la actualidad es excepcional. Independientemente del marco teórico de referencia del formador, independientemente de que sea psicólogo o pedagogo, independientemente de que la acción formativa se desarrolle en contextos de empresa pública, privada, organizaciones sindicales, formación reglada, etc., los principios teóricos y estrategias de desarrollo que posibilita la dinámica de grupos, no sólo clarificaran el diseño de planes de formación, sino que indudablemente mejorarán la «imagen» y los resultados de esa acción formativa.

La dinámica de grupos tiene su origen en Estados Unidos hacia 1930 cuando surgen las primeras investigaciones sobre grupos en el campo laboral, político, social, etc. Estos primeros estudios, junto con los principios teóricos de la Gestalt, contribuyen a desarrollar la teoría de la dinámica de grupos.

Uno de los principales autores de referencia es el psicólogo norteamericano Kurt Lewin quien esbozó conceptos tan importantes como el de «espacio vital» y «teoría de campo», e investigó sobre problemas y fenómenos relacionados con la teoría de grupos. Desde el punto de vista aplicado relacionó estos conceptos con la investigación en educación y en las organizaciones. La teoría de Kurt Lewin (1967) puede resumirse en los siguientes puntos:

- El «espacio vital psicológico» incluye todos los acontecimientos que determinan el comportamiento.
- Considera el grupo como un «todo dinámico» formado por miembros individuales y no por la suma de los mismos.
- La evolución y movimientos del grupo se basa en la interacción psicosocial.
- La cohesión del grupo origina fuerzas de atracción y rechazo.
- El lugar de las interacciones constituye un «campo de fuerza social».
- Campo es la totalidad de hechos interdependientes y coexistentes.

La dinámica de grupos puede aplicarse en diversos ámbitos: en el ambiente familiar, en el mundo laboral, en el campo socio-político y por supuesto en el campo educativo. En cualquiera de estos contextos en los que se aplique pretenderá alcanzar alguno de los siguientes objetivos:

- Conocer a fondo las fuerzas que actúan en el grupo y su composición.
- Conocer los aspectos que dificultan o favorecen la cohesión del grupo.
- Tener una visión general del grupo manteniendo una posición de neutralidad.
- Fomentar la participación de todos los miembros.
- Hacer autorresponsable a cada miembro del grupo de su proceso de aprendizaje.
- Favorecer el desarrollo de cada miembro del grupo.
- Facilitar a cada miembro del grupo la autoevaluación de sus habilidades individuales.
- Evaluar la acción conjunta del grupo y ofrecerle *feedback*.

En definitiva, podemos decir que la «dinámica de grupos» es una herramienta para la formación, un instrumento de trabajo que puede utilizarse de diversas maneras, y con el que pueden desarrollarse diferentes actividades. Podemos utilizarla, por ejemplo, para provocar en los alumnos tanto la adquisición de conocimientos y habilidades, como un cambio de actitudes y comportamientos, objetivos que podemos lograr gracias a que en la dinámica de grupos trabajamos fundamentalmente con las vivencias y experiencias de los alumnos.

La calidad de la formación está estrechamente vinculada a la formación y cualificación del profesorado, de ahí la importancia de la programación y realización de planes de Formación de Formadores que desarrollen aspectos relativos a la programación, impartición y evaluación de acciones formativas, dotando de esta manera a los profesores de técnicas, procedimientos e instrumentos que permitan ofrecer una formación de calidad.

Uno de los contextos donde mayor aplicación tiene hoy la Formación de Formadores es la empresa. Ante los nuevos avances tecnológicos y los cambios que se producen en el ambiente socioeconómico, las empresas deben ser competitivas, han de contar con personal cualificado. Para cumplir esos objetivos las empresas desarrollan sus propios procesos de formación, y es aquí donde juega un papel importante la Formación de Formadores: colabora en el desarrollo de la empresa a través del reciclaje de sus trabajadores.

Este libro tiene como principal objetivo dotar al formador de formadores de herramientas útiles que le permitan aprovechar las capacidades cognitivas y afectivas de sus alumnos, facilitando así la adquisición de conocimientos y habilidades necesarias para el desempeño de su labor docente y el desarrollo y adquisición de actitudes positivas hacia la formación.

Los ejercicios que recoge este libro están especialmente pensados y estructurados para cursos y seminarios dedicados a la formación y preparación de especialistas en formación de adultos, y más concretamente en Formación de Formadores. Así pues estos ejercicios pueden tener diversas aplicaciones o funciones:

1. Pueden cumplir una función motivadora despertando el interés y la expectación de los alumnos hacia un determinado tema.
2. Pueden servir como presentación de un tema nuevo, introduciendo conceptos y procesos hasta ese momento desconocidos por los alumnos.
3. Pueden servir de conclusión y recapitulación final a una unidad temática, afianzando los conceptos de la misma e integrándolos en un todo, dando así una visión de conjunto a los contenidos de la formación.
4. Pueden aplicarse para superar el estancamiento y los conflictos surgidos en la dinámica del grupo-clase.
5. También se aplican para favorecer la transferencia a situaciones reales de los conocimientos, procesos y habilidades aprendidos a lo largo del proceso formativo.
6. Pueden servir al docente para el control de la comprensión de sus alumnos, permitiéndole ver cuáles son sus carencias o necesidades cognitivas y afectivas y el grado de consecución de los objetivos de aprendizaje.
7. Pueden aplicarse para potenciar un cambio de actitudes en los alumnos.

Sin embargo, hay que tener en cuenta que cada ejercicio no es apropiado para todas y cada una de estas funciones. La selección y aplicación de cada ejercicio depende de numerosas variables:

- De las aptitudes del docente.
- De las aptitudes y recursos del grupo.
- Del estilo de dirección del docente.
- De los objetivos del grupo.
- Del objetivo que el docente proponga para ese ejercicio.
- De la actitud del grupo.
- Etc.

El libro está organizado en una serie de capítulos que recogen los diferentes temas a tratar en Formación de Formadores. Cada capítulo consta de una introducción en la que se desarrolla una breve base teórica al capítulo, así como una indicación de los diferentes ejercicios que contiene, permitiendo al lector tener una idea general del contenido de cada capítulo, de su utilidad y aplicabilidad. Cada ejercicio está organizado en una serie de secciones que pretenden hacer cómoda y fácil su utilización, así como expresar de forma clara el objetivo y el método de trabajo a seguir en su realización. Estas secciones son los siguientes: objetivo, instrucciones, material, solución y análisis.

El primer capítulo del libro está dedicado a la «Programación». En él se pone de manifiesto la importancia que tiene en formación partir de una adecuada programación de la acción formativa. Los ejercicios que se recogen entrenaran al alumno en la secuencialidad del proceso de programación, y en la formulación de objetivos de aprendizaje.

El capítulo segundo, «Estilos de dirección», los tres principales estilos de dirección: autoritario, democrático y laissez-faire. Los ejercicios que en él se plantean pretenden analizar y demostrar al alumno como influyen estos estilos de dirección en el rendimiento, en el aprendizaje, y en la dinámica de los grupos. Pretende también favorecer la reflexión sobre sus propias actitudes y estilos de dirección como docente.

El tercer capítulo, «Comunicación», pone especial énfasis en la comunicación interpersonal y en los aspectos no verbales de la comunicación. Los ejercicios que se desarrollan en este capítulo destacan la importancia de la comunicación no verbal y ponen de manifiesto cuáles son las barreras y dificultades que surgen en la comunicación y que la obstaculizan.

El capítulo cuarto está dedicado al «*Feed-back*». Por la importancia que tiene en el proceso de comunicación hemos considerado tratarlo como capítulo aparte. A través de los ejercicios desarrollados en el capítulo se analiza la importancia de la información de retorno en la interpretación de los mensajes.

El quinto capítulo, «Aprendizaje», hace un breve recorrido por la concepción conductista y cognitiva del aprendizaje, describiendo cada una de estas teorías y su incidencia en el proceso formativo. Los ejercicios destacan la importancia del refuerzo en el aprendizaje, y hacen hincapié en las diferentes estrategias de aprendizaje, tanto para la utilización de reglas, como para la solución de problemas.

En el capítulo sexto las «Actitudes» están consideradas como marcos de referencia que junto con los hechos determinan nuestras opiniones e interpretaciones de la realidad. Los ejercicios de este capítulo muestran en que consisten las actitudes, y presentan diferentes comportamientos de los alumnos en función de ellas, destacando su influencia en el aprendizaje.

El capítulo séptimo, «Percepción», destaca la importancia en el aprendizaje de los procesos básicos atención y percepción, exponiendo como funcionan estos dos procesos y que leyes los rigen. Los ejercicios de este capítulo ejemplifican algunas leyes de la percepción, así como el carácter subjetivo de la misma y la influencia que tienen los aprendizajes y las experiencias previas en nuestras percepciones.

El capítulo octavo, «Motivación», expone de forma breve algunas teorías sobre la motivación destacando su importancia en la eficacia de la acción formativa. Señala algunos factores que influyen en las motivaciones del alumno y algunos métodos para estimularla. Los ejercicios del capítulo permiten al alumno conocer cuáles son sus necesidades en ese momento y trabajar sobre una serie de casos en los que hay que poner en práctica métodos de estimular la motivación.

En el capítulo noveno, «Grupos», se ofrece una completa definición de grupo y las diferentes dimensiones según las cuales se pueden clasificar. Pone especial énfasis en la importancia de la cohesión en los grupos, puesto que esta aumenta la eficacia y el rendimiento del grupo, facilitando por tanto el aprendizaje. Los ejercicios del capítulo muestran la importancia del trabajo en grupo, de la cooperación y competición y el establecimiento de líderes.

El décimo y último capítulo, «Solución de problemas y toma de decisiones en grupo» pone de manifiesto las ventajas del trabajo en grupo sobre el trabajo individual en la toma de decisiones y solución de problemas. Describe las etapas que sigue un grupo en la toma de decisiones y los métodos que pueden utilizarse para tomarlas. Los ejercicios entrenan al grupo de formación en la toma de decisiones y solución de problemas.

En resumen, el presente libro pretende ser un instrumento útil y eficaz al docente de Formación de Formadores, permitiéndole amenizar sus clases y ejemplificar cada uno de los conceptos desarrollados a través de los ejercicios recogidos en él.

Capítulo 1

PROGRAMACIÓN

INTRODUCCIÓN

El término programación se utiliza en relación a muchos campos de la actividad humana. Programar algo significa elaborar un proyecto de lo que se piensa realizar, implica plantearse el sentido y los propósitos de una actividad, disponer medios y recursos para su realización, controlar los resultados obtenidos en relación a lo que se pretendía y tomar decisiones para realizaciones más adecuadas de la actividad.

La programación de la enseñanza pretende organizar la formación de manera sistemática, anticipando la acción mediante la planificación previa de la misma (Barbier, 1991). Por tanto, antes de que la formación llegue a los individuos que se encuentran dentro de un aula tiene que haberse realizado un importante proceso en el cual se ha decidido, desde los objetivos del curso, hasta las personas que deben asistir, pasando por los conocimientos a transmitir y los medios que se van a utilizar para lograrlo. Todo esto se hace durante la etapa de diseño o programación del curso.

Podemos definir la programación como la actividad o el proceso mediante el cual podemos dar unidad o estructurar la labor educativa. La programación parte por tanto de la realidad, del contexto y organiza todos los elementos que intervienen en la acción formativa (objetivos a lograr, métodos a emplear, contenidos, recursos, etc.) según las circunstancias y las posibilidades en las que deba desarrollarse la programación. Es importante tener en cuenta el carácter de proceso de la programación ya que esto asegura la unidad y la movilidad de la formación permitiendo hacer reajustes en la programación en función de las evaluaciones realizadas.

Toda programación parte de los objetivos y siempre habrá de tener en cuenta a las personas destinatarias de la formación, es decir el programa debe adaptarse plenamente a los alumnos a quienes va dirigido, conocidos sus intereses, capacidades y experiencias. Antes de fijar los objetivos hay que pensar a quien va dirigida la formación, considerando al alumno como el eje de la acción formativa (Colom, Sarramona y Vázquez, 1994).

La diferencia entre unas programaciones y otras radica en el detalle con que se especifiquen los elementos citados anteriormente. Así en una programación de un curso se hará un tratamiento más general y en una de clase, mucho más concreto. Por tanto se puede hablar de dos niveles de programación:

- Programación larga referida a la organización general de un curso.
- Programación corta referida a la organización concreta de una unidad, de un tema o de una clase.

Ambas programaciones son complementarias ya que una programación larga por si sola es inútil para dar una clase, pero de nada serviría la programación de clases aisladas sin tener un marco de referencia que sería la programación del curso completo (Carrasco, 1991).

Así la programación larga puede comprender los siguientes aspectos:

- Objetivo general del curso.
- Unidades didácticas o temáticas que comprende.
- Esbozo del método a utilizar.
- Material general a emplear.
- Evaluaciones globales del curso.

Por su parte la programación corta comprendería los siguientes aspectos:

- Objetivos de la clase.
- Contenidos a impartir.
- Método a emplear.
- Actividades a realizar.
- Medios de apoyo.
- Temporalización de las actividades.
- Evaluación de la unidad o tema

Sea cual sea el tipo de programación el elemento fundamental son los objetivos, ya que, a partir de ellos se van a articular los demás elementos. Se pueden definir los objetivos de formación como lo que se pretende que el alumno consiga a lo largo de un proceso de enseñanza-aprendizaje. Dicho de otra manera, un objetivo es el resultado final que tiene que alcanzar un alumno al término de un determinado proceso formativo.

Para redactar cualquier objetivo de aprendizaje hay que tener claro dos aspectos fundamentales que han de incluirse en su enunciado:

- La conducta que se persigue en el alumno como consecuencia de una acción de formación, que quedará expresada por medio de un verbo.
- El contenido o el contexto sobre el que se ejerce esa conducta.

Veamos el siguiente ejemplo: «Los alumnos elaborarán una programación larga». En este caso la conducta perseguida sería elaborar y el contenido una programación larga.

Los objetivos pueden clasificarse en función de la precisión con la que expresan la conducta, o en función del tipo de conducta que persiguen.

Según el nivel de precisión con que se expresa la conducta podremos formular objetivos generales y objetivos específicos.

Un objetivo general es un enunciado que dirige y orienta el proceso de enseñanza-aprendizaje al logro de los resultados finales, tiene un carácter global, hace referencia a un curso completo. No es necesario definirlo de una forma muy precisa y se formula mediante una frase muy general en la que se indica el comportamiento global que ha de adquirir el alumno al término del proceso formativo.

Un objetivo específico es igual en su formulación al general pero hace referencia a una unidad didáctica concreta en lugar de al curso completo. El objetivo general de un curso se descompone así en todos los objetivos específicos que corresponden a cada una de las unidades didácticas o temáticas que componen el curso, surgiendo así un mapa de objetivos o mapa instruccional.

Para la formulación de objetivos tanto generales como específicos hemos de tener en cuenta algunos criterios: relevancia (los objetivos a conseguir han de merecer el esfuerzo que se invertirá en ellos), claridad de formulación y posibilidad de evaluación (atendiendo a una concepción amplia de evaluación).

Tras años de trabajo Bloom y sus colaboradores (1956) elaboraron una taxonomía o sistema para ordenar jerárquicamente los objetivos según el tipo de conducta que persiguen. Fueron agrupados en tres ámbitos: cognitivo, afectivo y psicomotor. Los objetivos del ámbito cognitivo harán referencia a conductas en las que predominan los procesos intelectuales (adquisición de conocimientos y habilidades intelectuales). Los objetivos del ámbito afectivo se refieren a conductas que ponen de manifiesto actitudes, emociones, valores, etc. Los objetivos del ámbito psicomotor hacen referencia a conductas en las que predominan destrezas físicas.

Bloom descompone el ámbito cognitivo en seis objetivos: conocimiento, comprensión aplicación, análisis, síntesis y evaluación. Estas categorías se ordenan jerárquicamente según un criterio de complejidad creciente, de forma que cada una de ellas incluye conductas más complejas y abstractas que las de las categorías precedentes.

En relación a los objetivos del ámbito afectivo es un hecho que los docentes consideran importante que sus alumnos tengan una actitud positiva hacia el aprendizaje, pero generalmente estos objetivos se dejan sin concretar y permanecen a nivel implícito. Los objetivos del ámbito afectivo se conciben con un carácter global y conciernen más al conjunto de un curso que a sus partes o grupos de materias. Las taxonomías de objetivos del ámbito afectivo son un intento para aclarar conceptos de este ámbito, una de ellas es la de Krathwohl y sus colaboradores (1973), que los clasifica en cinco categorías: recepción, respuesta, valoración, organización y caracterización por un valor o conjunto de valores.

La mayor parte de las taxonomías que se han elaborado en el ámbito psicomotor tienen un marcado carácter fisiológico y biológico y se han aplicado primordialmente en el campo de la educación física. Una de las taxonomías de este ámbito es la de Harrow (1976) que menciona seis objetivos básicos: movimientos reflejos, fundamentales básicos, capacidades perceptuales, capacidades físicas, movimientos diestros, expresión corporal.

Una vez formulados los objetivos el siguiente paso será establecer el modo de conseguirlos. El primer paso que nos lleva al objetivo es el contenido del curso. Los contenidos han de ser lo más similares posibles a los que el alumno encuentra en la realidad y ha de emplearse solo el tiempo imprescindible para enseñar todo lo necesario. Por tanto los contenidos de un curso hay que seleccionarlos y organizarlos.

En la práctica la selección se hará en varias aproximaciones, partiendo de los contenidos posibles y decidiendo los estrictamente necesarios y los que tienen carácter complementario, para ello tendremos en cuenta algunos criterios: representatividad de los temas, capacidad de generalización fuera del entorno del aula, adecuación al nivel de los alumnos o a su formación previa, proximidad a los problemas y situaciones de la realidad y funcionalidad.

Es también importante organizar los contenidos pues la manera en que se dispone la información influye en el grado de adquisición de los objetivos y en los resultados del aprendizaje. Para organizar los contenidos hay que tener en cuenta una serie de aspectos: perspectiva integradora (potenciar la visión de conjunto), dosificar la dificultad tanto cualitativa como cuantitativamente, proceder de lo más simple a lo más complejo de lo conocido a lo desconocido.

Una vez decididos los objetivos del curso o de la clase (según el tipo de programación) y seleccionados y organizados los contenidos podremos ya decidir los métodos, medios, evaluación, etc. siempre teniendo en cuenta la personalidad de los alumnos y empleándose con flexibilidad.

La importancia de la programación radica en que la acción de impartir no puede considerarse como un acto aislado. Una exposición muy brillante por parte del docente que suscite alabanzas, puede ser totalmente ineficaz desde el punto de vista formativo. El objetivo de todo docente no debe ser dar clase, sino conseguir que los alumnos adquieran una serie de conocimientos, destrezas y habilidades. Por tanto la acción formativa es una obra difícil y no podemos conformarnos con salir al paso y hacerlo con mediocridad improvisando sobre la marcha. Es necesario dar paso al trabajo bien hecho y para eso es imprescindible programar la acción formativa teniendo previstos de antemano los objetivos a conseguir así como los contenidos, métodos y medios que emplearemos para que el alumno alcance los objetivos propuestos en la programación.

La programación nos permitirá eliminar el azar y la improvisación, aunque no la capacidad de añadir ideas nuevas, tiene en cuenta el tiempo disponible y marca el programa mínimo básico, evita la perdida de esfuerzo y tiempo y permite adaptar la formación a las características culturales y ambientales. En resumen la programación se centra en los objetivos, guiando la actividad del alumno y debe ser abierta y flexible.

Este capítulo pretende que el alumno se ejercite en la programación de todo tipo de actividades antes de programar acciones de formación, así como que comprenda la importancia y lo imprescindible que llega a ser la programación para ofrecer una formación de calidad. Recoge tres ejercicios, los dos primeros «Programación de una actividad» y el «Caso isla» pueden ser utilizados para que el alumno practique las habilidades de programación y se pueden aplicar tanto al inicio del tema a modo de introducción como al final a modo de conclusión, el tercer ejercicio trata del estudio de un caso «Una unidad verdaderamente suya» y pretende poner de manifiesto la importancia de la programación y dar al alumno la oportunidad de resolver el caso con sus propias ideas y sugerencias.

DINÁMICA 1: PROGRAMACIÓN DE UNA ACTIVIDAD

1. Objetivo

Desarrollar la programación de una actividad cualquiera, relacionando los pasos y elementos de que consta con los de la programación del proceso formativo.

2. Instrucciones

- Formación de pequeños grupos.
- Elegir una actividad cualquiera, por ejemplo un día de campo, visita a un museo, organizar un viaje, etc.

- Dar a los grupos las siguientes instrucciones: «Vuestro grupo tiene que programar la actividad elegida, debéis hacerlo de manera que queden claros todos los detalles, debéis decidir una finalidad para la actividad y las tareas y recursos necesarios para conseguir esa finalidad».
- Cada grupo dispondrá de unos 20 minutos para programar la actividad.
- Puesta en común y discusión en gran grupo.

3. Análisis

Tras el análisis de cada una de las programaciones de los subgrupos el docente llevará al grupo a las siguientes conclusiones:

- Para programar cualquier actividad es necesario partir de un objetivo general que orientará todas nuestras decisiones y actuaciones.
- El objetivo general puede desglosarse en objetivos más específicos que facilitarán la consecución del general y que dependen de él.
- El grupo tiene que estar de acuerdo y asumir el objetivo que debe ser claro y unánime.
- En función de los objetivos específicos decididos se seleccionarán y decidirán las tareas y los recursos necesarios para conseguir los objetivos propuestos.

Estos pasos y actividades de cualquier programación son aplicables a la programación de la acción formativa en la que hay que partir de una correcta formulación de los objetivos de formación para luego seleccionar los contenidos, actividades, métodos y medios que permitirán la consecución del objetivo propuesto.

DINÁMICA 2: CASO ISLA

1. Objetivo

Que el grupo se inicie con una práctica sobre programación, de tal modo que el profesor, a partir de las aportaciones del grupo, introduzca la teoría sobre programación.

2. Instrucciones

- Formación de pequeños grupos.
- Reparto del ejercicio.
- Discusiones en pequeños grupos para elaborar un plan de acción. La duración aconsejable es de 20 minutos, dado que el ejercicio se podría alargar innecesariamente en el tiempo.
- Puesta en común.

3. Material

Una isla en el Pacífico sur

El grupo del que ustedes formaban parte efectuaba un crucero por el sur del Océano Pacífico.

A consecuencia de una tempestad, el barco naufragó y ustedes son los únicos supervivientes, náufragos en una isla, lejos de toda línea de navegación.

Un barco pasa cerca de esta isla cada tres meses. Acaba, precisamente de cumplirse esta operación hace una semana.

En esta isla vive una familia de indígenas compuesta por un hombre, sus dos esposas, y tres hijos (dos muchachas de 20 y 12 años y un chico de 18 años). Ellos poseen una piragua.

La tierra más próxima se encuentra a 1.650 km de distancia.

En la isla hay cabras salvajes, una pareja de pumas, algo de caza, serpientes y pájaros marinos.

Otros de los objetos de los que pueden disponer por el momento son los que el mar ha traído hasta la isla después del naufragio: una gran caja conteniendo dos fusiles con municiones, dos hachas, una sierra, cien metros de cable, dos azadones, una pala, treinta metros de cable eléctrico, veinticuatro agujas de tricotar.

El mar también a traído cajas con latas de conservas (6 latas grandes de mermelada, 12 latas pequeñas de espinacas), 1 barril metálico vacío, 8 botellas de aceite, 1 rollo grueso de cuerda alquitranada (28 m.), tela (paño) de 42 m. por 1,20 m., un saco de yute con 20 pasamontañas, 1 gran red de pesca, 1 biblia y 2 periódicos.

¿Qué harías en esta situación?

Elaborad un plan de acción.

Plano de la isla

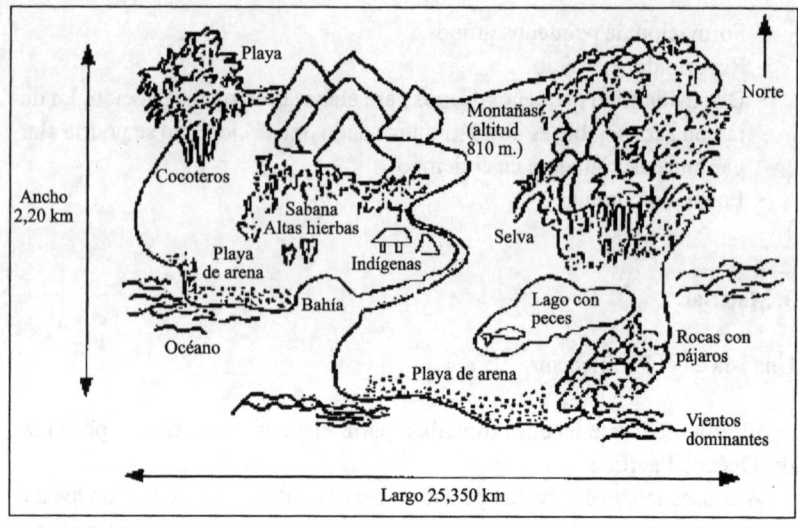

4. Análisis

El formador llevará al grupo hacia las siguientes conclusiones:
En primer lugar destacar la idea de que siempre deberíamos analizar las situaciones antes de actuar sobre ellas.

A partir de lo aportado por los alumnos respecto a su objetivo y tomando como referencia tres posibles decisiones (marcharse inmediatamente de la isla, esperar hasta que llegue el barco, quedarse a vivir en la isla para siempre).el monitor hará ver al grupo que:

- Cuando el equipo no llega a ponerse de acuerdo con el objetivo es muy difícil elaborar un plan de acción.
- A nivel de grupo el objetivo debe ser claro y unánime.
- A nivel individual debemos asumir el objetivo decidido para asegurar el funcionamiento de todo el equipo.

Es importante que, para destacar estas tres ideas, el formador haya observado bien el desarrollo del ejercicio en los distintos grupos.

Además se podrá destacar respecto a los objetivos como la prioridad y definición de los más específicos (construir una casa, encontrar un lugar adecuado para vivir, procurar la alimentación, buscar la protección o seguridad y construir un barco) cambian dependiendo del objetivo general elegido.

En cuanto a recursos y procedimientos, se podrá analizar como influye el grado de conocimiento de las tareas, el control sobre los recursos disponibles, la importancia de saber con que contamos y con que deberíamos contar.

Con respecto al factor tiempo, el principal indicador será el objetivo general elegido (en principio, pocos grupos, debido a lo largo que es el ejercicio, podrán llegar a matizaciones sobre el tiempo).

Por último, analizar si alguno de los grupos ha hecho previsión de posibles problemas.

DINÁMICA 3: ESTUDIO DE UN CASO.
UNA UNIDAD VERDADERAMENTE SUYA*

1. Objetivo

Aplicar para la resolución de este caso lo aprendido sobre programación, sus características, finalidades, ventajas, etc.

2. Instrucciones

- Se distribuye a los alumnos en grupos de cuatro o cinco personas.
- Se les reparte el material con la descripción del caso.
- Se pide que trabajen en los grupos posibles soluciones al caso planteado, advirtiendo de que dispondrán para ello de 1 hora.
- Puesta en común de las soluciones de cada subgrupo, debate en gran grupo y comentario sobre estas soluciones.

3. Material

Imaginemos que a todos los profesores de un nivel se les ha dicho que tienen que preparar una unidad de tres semanas a cerca de la «conciencia social». A uno le corresponde elegir el contenido, los materiales y los métodos de evaluación, y sólo cuenta con sus propios medios para hacerlo, sin contar, de momento, con el departamento.

* Tomado de Woolfolk, A.E.; McCune, L. (1989). *Psicología de la educación para profesores*. Madrid: Narcea.

4. Soluciones

Que sean los alumnos quienes fijen los objetivos.

La conciencia social sólo podrá ser eficazmente aprendida en cuanto se relacione directamente con el alumno. Y como la fijación de una objetivo es en si mismo una destreza esencial, habrá que asegurarse de que los propios alumnos determinen los objetivos de la unidad, individualmente y con otros. Así el objetivo que determinaría el profesor, sería la fijación de objetivos.

Un proceso complejo

El desarrollo de un plan de estudios es un proceso complejo... Implica la identificación de los objetivos básicos de la conciencia social, la revisión del contenido y de las destrezas del nivel de ese curso y la selección de las que pueden ser utilizadas para la enseñanza de este concepto. La opción del material didáctico estará basada en las posibilidades existentes. Habrá que redactar un número suficiente de preguntas de test para evaluar los diferentes niveles de aprendizaje. El método de enseñanza depende de la capacidad del docente y de la actitud de los alumnos. Cuando sea posible los docentes que estén trabajando cualquier tema deberán trabajar juntos para compartir el entusiasmo, las ideas y los materiales, para prescindir de todo lo que sea inútil y para reforzar las destrezas.

Capítulo 2

ESTILOS DE DIRECCIÓN

INTRODUCCIÓN

En el aprendizaje no sólo influyen los objetivos, métodos y técnicas, sino que la relación persona a persona es un aspecto central en la formación, el ambiente humano será el resultado de estas relaciones.

Los estilos de enseñanza o estilos de dirección son los modos o formas en que el docente enfoca su comportamiento en la formación. Estos modos están influenciados por la filosofía, ideas e incluso por la concepción del mundo y del hombre por parte del formador. Y aquí la personalidad del docente, va a ser el molde de sus acciones y el modelo de sus alumnos.

La actitud y el método de dirección del formador crean una auténtica atmósfera de la que dependerá que aumente o disminuya el placer que el grupo siente en la situación de formación y en consecuencia la eficacia del aprendizaje.

El formador debe desempeñar varios roles en el aula, uno de estos roles es el formador como animador y líder del grupo. Bany y Johnson (1975) creen que el liderazgo es esencial para una enseñanza eficaz, de tal forma que uno de los factores que conducen al éxito de un formador es el desarrollo de una atmósfera psicológica positiva, en la que los alumnos puedan trabajar y aprender. Por tanto los objetivos de la dirección en el aula deben ser dos: desarrollar una actitud psicológica positiva y hacer eficaz el aprendizaje.

Bany y Johnson (1975) dividen la tarea del formador en tres grandes esquemas de actividad:

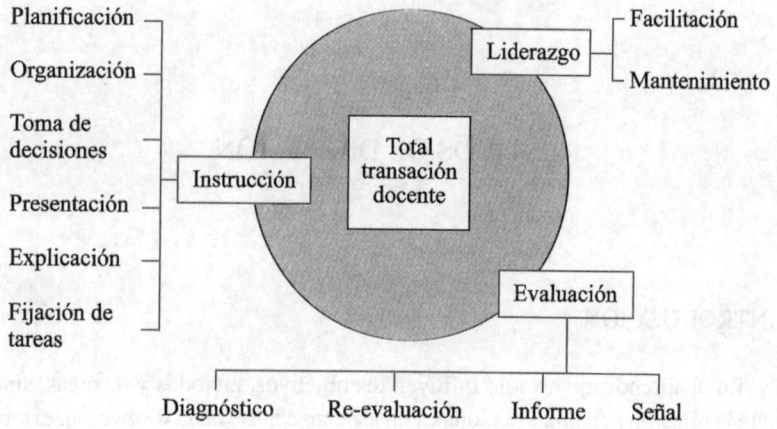

El formador como líder de un grupo debe facilitar y mantener un entorno positivo para el aprendizaje que permita la realización de las actividades de instrucción y evaluación. Un grupo que se halle desorganizado, que no tenga claros sus objetivos o que no esté cohesionado no será un buen grupo para el aprendizaje.

Por tanto el formador debe ayudar al grupo a identificar sus propias necesidades y proponer sus objetivos, a realizar lo que se ha decidido y a evaluar lo realizado, debe cuidar de que el grupo permanezca fiel a los objetivos propuestos, debe garantizar la unión entre los miembros del grupo y debe motivar a los alumnos hacia el aprendizaje (Beauchamp, Graveline y Quiviger, 1985).

Vamos a definir tres estilos de dirección: estilo autoritario, estilo democrático y estilo laissez-faire (Gibb, 1971; Aubry y Saint-Arnaud, 1972; Beauchamp, Graveline y Quiviger, 1985; Woolfolk y McCune, 1983). Cada formador realiza su trabajo de dirección del grupo conforme a su temperamento, según uno de los tres estilos de dirección. Esto es cierto, pero sólo en parte, porque ningún formador puede ser encasillado a priori y para siempre en un determinado estilo de dirección, como sucede con cualquier conducta docente hay que cambiarlo cuando la situación exija un cambio.

Resumimos las características del estilo autoritario en las siguientes:

- Hay un estricto control por parte del docente que marca los objetivos, planifica las tareas, elige los materiales, evalúa el trabajo y fija las normas de la clase sin contar con los alumnos.
- Indica el trabajo etapa por etapa dando un mínimo de información a los alumnos sobre el proceso total del trabajo.

- Se sitúa fuera del grupo en posición de superioridad, dirigiéndose a los alumnos individualmente y no al grupo y adoptando un tono de autoridad.
- El marco de encuentro estará previsto por el docente de antemano y no discutirá de ello con el grupo.
- Como los objetivos son marcados por el propio docente, sin participación de los alumnos, será muy estricto en cuanto a la fidelidad a estos tal como él los entiende, en caso de que se produzca desacuerdo en el grupo impondrá su parecer.
- Preverá las actividades y procedimientos de antemano sin aceptar las sugerencias del grupo ni desviaciones de ningún tipo.
- En el grupo las relaciones se centrarán en el formador pero hay poca comunicación, el clima es tenso y hay mucha hostilidad y agresividad movilizándose deseos de revancha en los miembros del grupo que procurarán satisfacerlos con los miembros más débiles del mismo que se verán transformados en chivos expiatorios.
- En cuanto a la participación, es el formador quien lo dirige todo, los alumnos harán lo que el formador les diga pero sin iniciativa ni ingenio alguno, el «yo» prevalece sobre el «nosotros».
- Con respecto a la evaluación el formador tiende a no hacerla, pero si se ve obligado impondrá su criterio y su manera personal de realizarla, evitando que se le cuestione. Teme las reacciones del grupo y su evaluación.

El estilo democrático se concreta en las siguientes características:

- El formador conserva la dirección del grupo pero le presta ayuda para discutir a fondo la solución a problemas y tareas.
- Anima al grupo a organizarse como tal, procurando mover a todos los alumnos hacia una colaboración activa en los problemas respectivos.
- Al indicar el trabajo indica su significado total, el núcleo central lo constituye la tarea como asunto común.
- Prevé el marco de encuentro de antemano, pero discute con el grupo de ello para introducir mejoras o cambios.
- Para la elección del objetivo ayuda al grupo a escoger pero es el grupo quien decide su propio objetivo. Una vez hecha la elección del objetivo mantiene al grupo en el objetivo que se ha marcado. Así mismo propone un abanico de procedimientos y actividades y solicita al grupo que elija y proponga otros nuevos, manteniéndolo luego en dicha elección.
- Favorece la comunicación entre los miembros del grupo y con el formador mismo, dice «nosotros» cuando se dirige al grupo, facilita la activi-

dad espontánea y la predisposición al trabajo común, crea un clima distendido de confianza y amistad que hace eficaz el aprendizaje.
- El reparto de tareas se hace en común todos toman iniciativas y tienen responsabilidades.
- En cuanto a la evaluación es muy importante para el formador democrático, que evalúa todos los aspectos posibles y da participación al grupo para escoger los mecanismos de la misma, no teme la evaluación porque aunque el grupo lo evalúe negativamente ve en ello una oportunidad de mejorar.

El estilo de dirección *laissez-faire* parte del concepto de que un grupo despliega sus propias fuerzas por sí solo, con tal que se le deje posibilidad suficiente para ello. Tiene las siguientes características:

- El formador deja que todo suceda de una manera pasiva, condescendiente y sin intervenir, desinteresándose del proceso formativo y esperando que el grupo resuelva los problemas por si solo.
- En relación al marco de encuentro, el docente a parte del lugar prácticamente no prevé nada más.
- En cuanto al objetivo plantea su elección de un modo muy general pero deja que el grupo vaya a su aire, por lo que puede suceder que no sea elegido por el grupo, sino por los líderes naturales del mismo que lo impondrán a los demás miembros haciendo surgir en ellos sentimientos de frustración.
- Igual sucede con las actividades y procedimientos que apenas son propuestas por el formador, por lo que el grupo es requisado por sus líderes aún cuando ello no convenga a todos.
- Las relaciones en el grupo son inestables, se da el aislamiento de determinados miembros y hay una impresión de ineficacia y pérdida de tiempo. Reina un sentimiento de desconcierto e inseguridad dentro del grupo que provoca desamparo en los miembros más impulsivos y terror en los más débiles. Se produce así un desmoronamiento del grupo con tendencia a la formación de clanes y pandillas y crecientes rivalidades.
- La participación es vacilante, el formador deja hacer, surgen iniciativas por parte de algunos miembros (líderes) y pasividad por parte de otros.
- El formador no piensa en la evaluación y si lo hace es de un modo muy general y superficial.

La elección de uno u otro estilo de dirección va a depender del tema que el docente enseñe, de las capacidades y expectativas de sus alumnos y de su propia personalidad. A modo general podemos decir que: cuanto más autoritario es el formador el grupo se siente más insatisfecho, cuanto más democrático es el formador más tiende el grupo a participar activamente y a abrirse, habrá más agresividad y oposición en el grupo dirigido por un formador autoritario que será más dependiente y menos original.

En todo proceso formativo que pretenda el crecimiento y desarrollo de las personas y los grupos, una dirección democrática será la única válida a largo plazo, aunque a corto plazo no parezca ser siempre la más eficaz. En situaciones en las que se busque la eficacia y el rendimiento inmediato será más apropiado otro tipo de dirección.

Es importante elegir el estilo de dirección adecuado en cada momento para que el aprendizaje sea eficaz y para desarrollar en los alumnos actitudes de cooperación y de autonomía, por eso es de vital importancia que en formación de formadores los alumnos conozcan las características de cada uno de los estilos de dirección así como sus repercusiones, y estén preparados para en un futuro elegir el estilo de dirección adecuado.

Este capítulo recoge una serie de ejercicios que ayudarán a los alumnos de formación de formadores a identificar las repercusiones en el aprendizaje, en el rendimiento y en el clima grupal, de los distintos estilos de dirección, así como a identificar cual es su estilo propio como docentes. El primer ejercicio ¿Es usted un tipo «X» o un tipo «Y»? analiza las repercusiones de dos estilos de dirección basados en las teorías de Mc Gregor (teorías X e Y) sobre las relaciones de los directivos de las empresas con sus trabajadores, pero que son de aplicación a la situación de formación. Los ejercicios «Estilos docentes» y «Estilos de dirección» analizan las diferencias, en función de cada uno de los tres estilos de dirección descritos, en cuanto al clima grupal, realización de una tarea, consecución del objetivo, rendimiento, desarrollo de una discusión, sentimiento de pertenencia al grupo, etc. El último ejercicio «Identificación de la propia imagen como docente» pretende que el alumno tome conciencia y reflexione sobre sus actitudes y motivaciones como docente, cuales son adecuadas y cuales debe modificar para hacer eficaz el aprendizaje.

DINÁMICA 1: CAPACIDAD Y ACTITUDES
¿ES USTED UN TIPO «X» O UN TIPO «Y»?

1. Objetivo

Analizar los efectos que producen diferentes tipos de dirección en el grupo de alumnos o compañeros.

2. Instrucciones

- Los alumnos de forma individual responden al cuestionario y trasladan la puntuación de sus respuestas a las casillas del sistema «X» o del sistema «Y».
- Análisis, discusión y comentarios sobre los resultados obtenidos.

3. Material

Cuestionario: ¿es usted un tipo «x» o un tipo «y»?

Valore las siguientes frases. Puntúe con un 4 las que le parecen más verdaderas o acordes con sus criterios. Con un 1 las más erróneas. Puede matizar con el 2 y el 3.

1. Los hombres no trabajan cuando no tienen motivos para hacerlo.

4	3	2	1

2. Si los hombres tienen toda la información que desean mejoran sus actitudes y son más responsables.

4	3	2	1

3. Es natural que los hombres no trabajen cuando el jefe no está presente.

4	3	2	1

4. Si tienen más información de la estrictamente necesaria para su trabajo, hacen mal uso de ella.

4	3	2	1

5. Si la gente no demuestra imaginación ni ingenio en el trabajo es porque carece de estas capacidades.

4	3	2	1

6. La gente tiende a relajarse si no se castigan las faltas.

4	3	2	1

7. La gente tiende a superarse si se controla a sí misma.

4	3	2	1

8. La mayoría de la gente es creativa, pero no puede demostrarlo por culpa de los jefes y del trabajo.

4	3	2	1

9. El prestigio de un jefe aumenta cuando mantiene sus decisiones.

4	3	2	1

10. Si un empleado se marca los objetivos, se los marcará bajos, para trabajar menos.

| 4 | 3 | 2 | 1 |

11. Si se da trabajo interesante, la preocupación por el dinero disminuye.

| 4 | 3 | 2 | 1 |

12. Un jefe se prestigia cuando admite un error y da la razón a un subordinado.

| 4 | 3 | 2 | 1 |

13. Si da más iniciativa al empleado, menos hay que controlarlo.

| 4 | 3 | 2 | 1 |

14. La gente se hace vaga a través de sus experiencias laborales.

| 4 | 3 | 2 | 1 |

15. La responsabilidad compartida es un signo de debilidad y una fuente de desorden.

| 4 | 3 | 2 | 1 |

16. La autoridad es el medio más eficaz para cambiar a los demás.

| 4 | 3 | 2 | 1 |

17. La autoridad es un don que poseen sólo ciertas personas.

| 4 | 3 | 2 | 1 |

18. El papel de una persona que tiene autoridad es, sobre todo, el de estar a disposición de la gente.

| 4 | 3 | 2 | 1 |

19. El principal obstáculo de la delegación de funciones es la falta de iniciativa de los subordinados.

| 4 | 3 | 2 | 1 |

20. Los jefes no suelen delegar por no querer aceptar la independencia de los subordinados.

| 4 | 3 | 2 | 1 |

Sume ahora los puntos de valoración (por separado los valores de las frases según el siguiente cuadro). ¿Cuál de las dos sumas es mayor? ¿Las del tipo «X» o las del tipo «Y»?.

SISTEMA «X»		SISTEMA «Y»	
Cuestión nº 3		Cuestión nº 1	
Cuestión nº 4		Cuestión nº 2	
Cuestión nº 5		Cuestión nº 7	
Cuestión nº 6		Cuestión nº 8	
Cuestión nº 9		Cuestión nº 11	
Cuestión nº 10		Cuestión nº 12	
Cuestión nº 15		Cuestión nº 13	
Cuestión nº 16		Cuestión nº 14	
Cuestión nº 17		Cuestión nº 18	
Cuestión nº 19		Cuestión nº 20	
TOTAL		TOTAL	

4. Análisis

El psicólogo americano Mc Gregor sostiene que hay dos teorías, fundamentalmente contrapuestas, por las que se guían los directivos de las empresas en sus relaciones con los trabajadores. Él las designa respectivamente como teorías X e Y.

Los defensores de la teoría X prefieren el tipo de dirección «estelar» y no tanto hablan de colaboradores como de subalternos. Para ellos, dirección significa «asignación de tareas».

Los defensores de la teoría Y siguen la opinión de que el hombre por su propia naturaleza (bajo las debidas condiciones) se complace en el trabajo creador. En consecuencia no comunican órdenes sino fijan metas. Se aceptan con gusto las sugerencias de los trabajadores y, por eso, se prefiere una forma circular del trabajo y dirección.

El tipo X encontrará fácilmente abundantes ejemplos en favor de su teoría ya que hay muchos hombres que prefieren aceptar las tareas que se les encomiendan, a tener que actuar por propia iniciativa. Pero el comportamiento individual está influenciado por las actitudes de los demás. Aquel que en casa de sus padres, en el ejército, a lo largo de los estudios ha conocido por experiencia que son pocos los que deciden y muchos los que tienen que obedecer, no cambiará tan fácilmente su actitud aunque se le explique que hay mejores formas de colaboración y de trabajo en equipo.

Si usted es un tipo X y ha habituado a sus colaboradores o alumnos a aceptar sin críticas, ni vacilaciones, no tendrá que admirarse de que estos hayan dimitido de sus legítimas ambiciones de pensar con autonomía. Y si usted dice «la teoría X es cierta, las personas son apáticas e inactivas», evidentemente logrará demostrar esa teoría porque no sólo procede usted conforme a ella, sino porque está usted creando los correspondientes tipos de comportamiento. En las ciencias del comportamiento es muy cierta esa profecía que provoca inevitablemente su cumplimiento: «el efecto Pigmalion».

DINÁMICA 2:
ESTILOS DOCENTES

1. Objetivo

Analizar los efectos que producen los diferentes estilos docentes en el grupo de alumnos, en cuanto a rendimiento, clima grupal, etc.

2. Instrucciones

Se eligen tres alumnos, cada uno de ellos va a representar un estilo docente: autoritario, democrático y laissez-faire. A cada uno se le da un papel con las características que corresponden al estilo que van a representar.

Los tres reciben las mismas instrucciones: cada uno con un estilo tiene que conseguir que su grupo de alumnos construya una casa. Para hacerlo, cuentan los tres con el siguiente material

- Cartulinas.
- Rotuladores.
- Tijeras.
- Pegamento.
- Reglas.
- Lápiz y goma de borrar.

Se divide al resto de los alumnos en tres grupos. Se asigna un docente a cada grupo. Cuentan con 15 minutos para construir la casa.

Cuando acaba el tiempo cada grupo enseña a los demás la casa que ha construido y da comienzo una puesta en común.

3. Material

La tarea de usted consiste en dirigir a su grupo para que construya una casa lo más bonita posible. Para ello cuenta con 15 minutos y con el material que se le va a entregar.

El estilo de dirección que tiene que seguir es uno de los tres siguientes:

Estilo de dirección autoritario

- Indica el trabajo etapa por etapa sin dar idea del conjunto.
- Se sitúa fuera del grupo en posición de superioridad.
- Se dirige a los individuos y no al grupo.
- Alaba y riñe individualmente, prohíbe las distracciones y adopta un tono de autoridad.

Estilo de dirección democrático

- Al indicar el trabajo indica su finalidad dando idea de conjunto.
- Anima al grupo a organizarse como tal.
- Se dirige al grupo y rara vez a una persona individual.
- Favorece la espontaneidad y la interacción.
- No sanciona las distracciones individuales.

Estilo de dirección *laissez-faire*

- Dice lo que hay que hacer indicando a un tiempo la finalidad.
- Se desinteresa del asunto esperando que el grupo resuelva los problemas por si mismo.
- Deja que todo suceda de una manera pasiva condescendiente y sin intervenir.

4. Análisis

- ¿Cual es el mejor producto?
- ¿Quien ha terminado antes?
- ¿Cómo se ha sentido cada grupo con el docente?
- ¿Cómo se ha sentido cada docente con el grupo?
- ¿Qué problemas hubo en el grupo?
- ¿Hubo sugerencias por parte de los miembros del grupo?
- ¿Cómo se han visto los miembros del grupo entre si?

Se elaboran conclusiones a cerca de los tres estilos docentes y como influyen tanto en el rendimiento del grupo como en el sentimiento de pertenencia al grupo y en el clima de trabajo grupal.

DINÁMICA 3: ESTILOS DE DIRECCIÓN*

1. Objetivo

Vivenciar la capacidad de interacción y rendimiento en grupos dirigidos autoritaria y democráticamente.

2. Instrucciones

- Formación de dos grupos de 5 a 8 participantes, que deben conversar sobre un tema de actualidad.
- Se hace salir a los grupos, se instruye a los oyentes para que observen el tipo de dirección y las actitudes de los miembros del grupo.
- Se pide al primer grupo que entre y que mantenga unos 10 o 15 minutos de discusión con estilo de dirección autoritaria.

* Schwarz, 1970.

- Se pide al segundo grupo que entre y que mantenga unos 10 o 15 minutos de discusión con estilo de dirección democrática.
- Se consulta a los participantes en los grupos sobre su vivencia y se pide a los oyentes que expresen sus sensaciones y lo que han observado.

3. Análisis

- ¿Cuál ha sido la táctica de rendimiento en cada grupo?
- ¿Cuál ha sido la duración de las interacciones?
- ¿Ha sido productiva la discusión en cada grupo?
- ¿Cuál ha sido el grado de satisfacción de los miembros de cada grupo?
- ¿Ha habido contacto recíproco entre los miembros del grupo? ¿y con el director?

DINÁMICA 4:
IDENTIFICACIÓN DE LA PROPIA IMAGEN COMO DOCENTE*

1. Objetivo

Reflexionar sobre cuáles son las motivaciones, gratificaciones y actitudes propias como docente.

2. Instrucciones

- Se le entrega la hoja de material a cada alumno y se le pide que señale las dos formulaciones con las que más se identifica y las dos con las que menos se identifica.
- Se explica que identifiquen los párrafos señalados con el número correspondiente del cuadro.
- Análisis en el grupo sobre cada uno de los motivos, gratificaciones y actitudes.

3. Material

Los párrafos siguientes describen las actitudes características de los profesores. Señala en particular las dos formulaciones con las que más te identificas y las dos formulaciones con las que menos te identificas.

* Adaptado de la escala de Stern-Masling «Preferencias del profesor».

1. Siento que la enseñanza es la carrera ideal para mí, ya que me ofrece la oportunidad de una vida variada y plena. Y no solamente por la enseñanza en sí misma, sino por el tiempo que me deja libre para realizar otras muchas cosas importantes desde mi punto de vista. Por ejemplo: leer, descansar, viajar, dedicarme a mis hobbies preferidos, estar con mis compañeros y mi familia, etc. Todo esto me ayuda a entender mejor a los alumnos y a formarlos mejor.

2. Desde mi infancia siempre quise ser profesor. Me gusta la gente dedicada a la enseñanza, y me siento feliz trabajando con ellos, ya sea en el puro aspecto profesional como en otras actuaciones sociales. Aunque el sueldo no es el que debiera ser, tenemos el suficiente para vivir dignamente. Soy consciente de mis responsabilidades como miembro de la profesión, para mantener y elevar el nivel cultural de los alumnos. El profesor ejerce una influencia notable en la comunidad, y yo estoy orgulloso de ser uno de ellos.

3. Al enseñar, encuentro la más importante fuente de satisfacción en los propios alumnos. Me encanta verlos día a día con su alegría y vitalidad. Naturalmente que no todos los días están los alumnos del mismo talante y a veces son irritantes, pero he encontrado muy pocos alumnos que no me hayan suscitado sentimientos positivos. Siento un gran placer en ayudarlos como una persona realmente interesada en el provecho de ellos. A veces esto me obliga a dedicar horas extras a alguno, pero no me preocupa lo más mínimo, ya que no existe nada más gratificador para mí que el sentirme capaz de contribuir a la felicidad y bienestar de una persona.

4. Mi mayor satisfacción como profesor es cuando veo que mis alumnos están tan comprometidos en su proceso de aprendizaje que mi presencia es casi superflua. Siempre me ha parecido que los alumnos aprenden poco de lo que les decimos los profesores. El verdadero aprendizaje es una experiencia personal, y el mejor profesor es aquel que respeta el proceso personal de sus alumnos, permitiendo que sean los intereses del alumno y no los del profesor los que determinen el aprendizaje. Animo a mis alumnos a que sean independientes y autoconfiados desde pequeños y me siento más satisfecho con el chico que mantiene su desacuerdo conmigo cuando piense que estoy equivocado, que con aquel que siempre está pidiendo que se le diga lo que tiene que pensar o hacer.

5. Aunque existen muchos aspectos de la enseñanza que me preocupan, pienso que la tarea más urgente es trabajar para el perfeccionamiento de la pro-

fesión del profesor. A veces dudo si merece la pena un sacrificio personal: el premio es escaso y las intenciones se interpretan mal. Pero, cuando se piensa en los problemas comprometidos se que no puedo menos que actuar.

6. El tiempo más feliz es el que paso junto a mis alumnos. La juventud es una época maravillosa y también es maravilloso ser capaz de ayudarles. Cuando pienso en algunos adultos que conozco, creo que podrían aprender muchas virtudes de los jóvenes. Sé que yo mismo he aprendido mucho de ellos, observándolos y oyéndolos hablar. Una de mis más grandes satisfacciones en la enseñanza, es cuando un alumno empieza a verme como a un amigo más que como a un extraño.

7. Me gusta el orden en mi clase, con un mínimo de confusión y distracciones. A los alumnos les gusta que se les expliquen las cosas con detalle, y se sienten más seguros cuando conocen las reglas de actuación que deben seguir. Disfruto en ayudar a los alumnos para que vean el propósito escondido en muchas reglas y órdenes que consideran como arbitrarias, pero lo más importante es que aprendan a prestar atención a la disciplina y que desarrollen hábitos de puntualidad, orden y trabajo. En mi propia conducta intento ser un ejemplo para ellos.

8. La mayor satisfacción que me proporciona la enseñanza es cuando alguna persona, competente en su juicio, me dice que estoy realizando un buen trabajo. Experimento un profundo sentimiento de gozo cuando el director reconoce los adelantos en mi clase. Naturalmente que mucho del mérito pertenece a ellos por la ayuda que me prestan. Es bueno que todos los miembros del equipo docente trabajen juntos pensando en el objetivo común. Constantemente me anima el pensamiento de que, gracias a mi propio esfuerzo y a la guía de personal competente, cada día estoy más cerca de ser un buen profesor.

9. Mis mejores satisfacciones en la enseñanza tienen lugar cuando logro cautivar el interés y la atención de los alumnos. El problema más importante en educación es motivar al alumno, y el mejor modo de hacerlo es hacerle el contenido de la enseñanza interesante para él. Me gusta utilizar dramatizaciones, demostraciones y otras técnicas que hacen el tema interesante, e intento hacer mi enseñanza original y desenvuelta. En último término es el impacto de la personalidad del profesor lo que diferencia una buena de una mala enseñanza.

10. El aspecto más importante del oficio de profesor es la preparación de los alumnos para la vida de adultos. En cuanto jóvenes que son, piensan que todo se reduce a la diversión, pero pronto la vida les enseñará de otro modo. Es responsabilidad del profesor prepararlos para sus responsabilidades futuras por medio de la obediencia y el respeto a la autoridad, autocontrol y trabajo duro. El profesor debe ser exigente con ellos, por su propio bien.

Identifique los párrafos señalados por usted, con los números correspondientes del cuadro siguiente, donde se presentan los «roles» del profesor en términos de motivos, gratificaciones y actitudes.

	INTERÉS	GRATIFICACIONES	ACTITUDES
1	Práctico	Premios instrumentales	Alejamiento
2	El *status*	Prestigio	Dignidad profesional
3	Paternal	Afección de parte de los alumnos	Solicitud afectuosa
4	No directivo	Autonomía del alumno	Animador
5	Reformador	Promoción de sus propios derechos	Rebelde
6	Identificación con los alumnos	Participación de igual a igual	Fijación de la etapa infantil
7	Obligaciones obsesivas	Cumplimiento del deber	Ordenancista
8	Cooperación con los superiores	Elogios del superior	Dependencia
9	Personalista	Reconocimiento de parte de los alumnos	Exhibicionista
10	Disciplina	Obediencia de los alumnos	Dominante

4. Análisis

Discusión en el grupo sobre los motivos, gratificaciones y actitudes elegidos. Analizar las consecuencias tanto positivas como negativas de cada tipo de elección.

Capítulo 3

COMUNICACIÓN

INTRODUCCIÓN

El hecho fundamental de la existencia no es la persona, ni siquiera el conjunto de personas, sino la comunicación entre las personas.

La comunicación en un sentido amplio hace referencia a toda interacción, a diferentes niveles de relación a través de los cuales se intercambian ideas, sentimientos, emociones, bienes, etc. La comunicación por tanto es un fenómeno social, se refiere a aquellas relaciones sociales-humanas que hacen posible este intercambio.

Quedaría así definida la comunicación como el proceso mediante el cual se transmiten e intercambian ideas, conocimientos, propósitos, sentimientos, etc., a través de cualquier medio.

Es importante diferenciar entre los conceptos de comunicación e información. Cuando hablamos de información nos referimos exclusivamente al conjunto de datos, hechos o acontecimientos percibidos, recogidos, registrados o acumulados, con independencia de que estos vayan a ser o no comunicados o utilizados. Por el contrario la comunicación se refiere al hecho mismo de la transmisión de esa información.

Por tanto la información es el MENSAJE, y la comunicación es el PROCESO de transmisión.

Es especialmente importante tener en cuenta el carácter de proceso que tiene la comunicación ya que esto implica que la comunicación es algo dinámico, cambiante y continuo, que se halla en movimiento y que sus componentes interaccionan continuamente, es decir, cada uno de ellos influye sobre los demás.

En la comunicación intervienen esencialmente una serie de elementos: emisor, receptor, código, mensaje, canal y situación o contexto social.

El emisor hace referencia a la persona o grupos de personas que producen un mensaje, mientras que el receptor se refiere a la persona o grupo que recibe ese mensaje. Es importante destacar el hecho de que emisor y receptor intercambian continuamente sus papeles, convirtiéndose el emisor en receptor y viceversa.

El código es el sistema de signos que se combinan mediante reglas conocidas tanto por el emisor como por el receptor para comunicarse.

El mensaje es la idea, concepto o sentimiento que el emisor envía al receptor y se lo envía a través de un canal, es decir a través de una vía que puede ser visual, auditiva, olfativa, etc.

El proceso comunicativo siempre se encuadra en una situación o contexto social, es decir, en una serie de circunstancias que permiten interpretar correctamente el mensaje.

Llevado a la mayor simplicidad diremos que el emisor intercambia un mensaje con el receptor a través de un canal utilizando un código común.

Para que la comunicación sea correcta lo que dice el emisor ha de ser igual a lo que entiende el receptor, sin embargo esto no siempre ocurre así. Teniendo en cuenta esto y si pensamos que la responsabilidad de una comunicación correcta es del emisor y no del receptor, en situación de formación hemos de hablar de modo que el receptor entienda a medida que va oyendo. El emisor no debe perder el contacto con el oyente para que no cese la atención y el mensaje no llegue de manera imperfecta al receptor. La sencillez en el estilo es fundamental si se aspira a establecer una buena comunicación.

Hay que diferenciar entre comunicación verbal y no verbal. Sólo una pequeña parte de la conducta comunicativa es verbal, mientras que la mayor parte es conducta no verbal. Se puede generalizar diciendo que el 93 % del impacto de la totalidad de un mensaje es transmitido por los componentes no verbales de la comunicación.

La comunicación no verbal afecta sobre todo al aspecto de la relación personal, ya que transmite información sobre la personalidad, el *status* y el origen social y define relaciones y actitudes interpersonales. Todo ello influye en la aceptación del contenido de la comunicación.

Los canales comunicativos no verbales serían: auditivo (aspectos no verbales del habla, tono, intensidad, volumen, entonación, timbre, etc.), visual (expresión facial, gestos y movimientos del cuerpo, distancia interpersonal, aspecto externo, etc.), tacto, olfato, etc.

La comunicación interpersonal es un proceso extraordinariamente complejo, pero resulta esclarecedor considerar la comunicación como un proceso bidimensional con un contenido doble: de una parte el contenido intelectual, y de otra el contenido afectivo.

El contenido intelectual está constituido por el mensaje explícito que transmite el emisor, y lo transmite tanto a través del lenguaje verbal como escrito. Cuando nos comunicamos, además del mensaje explícito (contenido intelectual) siempre transmitimos un cierto elemento afectivo a través del cual expresamos nuestra actitud, nuestro estado de ánimo, nuestra disposición. El componente afectivo lo transmitimos a través de medios muy diversos: el tono de voz, la mirada, gestos faciales y corporales, etc. (Corraze, 1989).

Se puede concluir que en todo acto comunicativo siempre hay un contenido intelectual explícito y un contenido afectivo implícito. El receptor puede comprender el mensaje explícito mejor o peor (según la claridad con que se exprese el emisor, la capacidad y el estado de ánimo del receptor, etc.), pero es seguro que comprenderá con toda claridad el contenido afectivo, ya que se transmite con más precisión lo que se siente que lo que se dice. Por tanto un problema de la comunicación no sería que comuniquemos inadecuadamente, sino que comunicamos demasiado adecuadamente.

Sin embargo nuestro intento de comunicación interpersonal se encuentra frecuentemente bloqueado por ciertas barreras que dificultan la comunicación. Algunas de estas barreras son: ciertas actitudes, desconfianza, temor, inseguridad, la interpretación personal que se hace de los mensajes, discrepancias entre mensajes verbales y no verbales, tendencia a establecer inferencias del contenido de un mensaje, mensajes mal estructurados o ambiguos, defectos en los canales, comunicación en cadena, falta de atención, ambiente no adecuado, estereotipos, etc. (Anton, 1990).

Al hablar de comunicación nos referimos también a las relaciones entre miembros de un grupo que se clasifican por las comunicaciones que se cruzan. Los miembros de un grupo intercambian ideas, afectos e informaciones, sostienen conversaciones más o menos redundantes o banales. Y esto lo hacen por medio de diferentes redes de comunicación.

Las redes afectan a la forma en que se resuelven los problemas, a la eficiencia y a los sentimientos de satisfacción de los miembros de un grupo. La comunicación dentro de una red es un intercambio mutuo (Kirten y Müller-Schwaz, 1991).

La comunicación es un elemento fundamental para la productividad del grupo. En el grupo-clase es donde mejor se desarrolla la comunicación. Las posibilidades de vida del grupo, la cohesión de sus miembros y la consecución de sus objetivos, dependerá de las interacciones existentes, que son necesarias a nivel intelectual (para la transmisión del saber) y a nivel afectivo (para el funcionamiento optimo del grupo).

De aquí se desprende la gran importancia que tiene en formación de formadores manejar adecuadamente las habilidades de comunicación, así como conocer cada una de las dificultades que pueden entorpecer el proceso comunicativo. El formador debe prever todas las barreras que se presenten a su comunicación para poder solucionarlas, así como ser un hábil comunicador capaz de hacer llegar a sus alumnos el mensaje con todo su contenido intelectual y con el contenido afectivo preciso. También tendrá que favorecer en su grupo redes de comunicación que favorezcan la cohesión y permitan al grupo alcanzar el objetivo propuesto, y estar atento a los mensajes que el grupo le envía mediante comunicación no verbal para saber interpretarlos correctamente.

Es necesario formar a los alumnos en todas estas habilidades para que sean en el futuro hábiles formadores.

En este capítulo se descompone el proceso de comunicación, para que el alumno tome conciencia de la importancia del entrenamiento en esta habilidad a través de los diferentes ejercicios planteados.

Los siguientes ejercicios tratan sobre diferentes aspectos del proceso de comunicación:

«Casa, árbol, perro» pretende que una pareja de alumnos se comunique y se coordine mediante pautas de comunicación no verbal analizando las barreras que surgen, así como los comportamientos sumisos y dominantes de los participantes. De igual manera «El mensaje del rostro» hace referencia a la comunicación no verbal poniendo de manifiesto como la expresión del rostro y los gestos de la cara transmiten algún tipo de mensaje que condiciona la forma en que percibimos a nuestro interlocutor y nos comunicamos con él.

«Círculo - cadena - estrella» demuestra mediante un divertido ejercicio cómo los diferentes modelos de redes de comunicación afectan al grado de ejecución de las tareas de un grupo, así como a la satisfacción de sus miembros y a las relaciones socioafectivas en el grupo.

«Diálogo controlado» trata de analizar la situación de conversación normal para poner de manifiesto las dificultades que surgen de comunicación cuando emisor y receptor no tienen la misma percepción de los mensajes o no se utiliza la expresión exacta. Demuestra la complejidad del proceso comunicativo y hace conscientes las limitaciones de comunicación y principalmente ejecuta la «escucha activa», tan importante en el proceso de comunicación.

«Clínica del rumor», «El recorrido de la comunicación», «Comunicación a partir de inferencias» y «Música para una vaca» son cuatro ejercicios que estudian algunas de las barreras que pueden dificultar la comunicación, como por ejemplo, la distorsión que se produce en el mensaje al pasar de persona en persona, la tendencia a inferir en comunicaciones ambiguas o que emisor y receptor no compartan el mismo código. En cualquier caso estos ejercicios permitirán al alumno relajarse por su carácter de juego y tomar conciencia de las dificultades que pueden surgir en la comunicación. Algo parecido intenta demostrar el ejercicio titulado «Otro día» que pone de relieve como el prestigio del emisor afecta también al contenido de la comunicación, pudiendo distorsionar los mensajes o volverlos más o menos creíbles en función del prestigio y la credibilidad del emisor.

Por su parte las «Comunicaciones escritas» ejemplifica cómo para recibir un mensaje con todo su sentido y sin perder información es necesario atender a la totalidad del mensaje antes de interpretarlo. En este caso si no leemos totalmente nuestro mensaje no podremos cumplir correctamente las instrucciones que en él se dan.

En el ejercicio «La imagen de mi yo» queda de manifiesto como el estilo de comunicación o la forma de comunicarse es algo personal de cada uno y está mediatizada por la forma en que nosotros mismos nos vemos y la forma en que nos ven los demás.

«Yo lo miro así» es un simpático ejercicio que a través del juego demuestra como es necesario que el mensaje nos llegue completo para poder entenderlo e interpretarlo, de la misma manera demuestra como las comunicaciones parciales llevan a equívocos y como se suelen hacer interpretaciones personales y subjetivas de los mensajes.

DINÁMICA 1: CASA, ÁRBOL, PERRO*

1. Objetivo

- Entrenar la capacidad de compenetración.
- Favorecer el precalentamiento y relajación, especialmente en cursos de corta duración.
- Sensibilizar hacia el comportamiento dominante - sumiso.
- Observación de la comunicación no verbal.

2. Instrucciones

- Los participantes se dividen en grupos de dos.
- Cada grupo de dos participantes toman asiento en una mesa, uno frente al otro, sobre la que hay una hoja y un lápiz.
- Instrucciones:
  - «Sin hablar, tomen los dos juntos el lápiz y dibujen en común una casa, un árbol y un perro».
  - «A continuación, también sin hablar, firmen el dibujo juntos con un nombre artístico».
  - «Los dos juntos califiquen con una nota el cuadro que han pintado, sin hablar y sin ponerse previamente de acuerdo, y escríbanla al pie de la página».

* Tomado de Antons, K. (1990). *Práctica de la dinámica de grupos*. Barcelona: Herder.

- «Ya pueden hablar entre sí. Ustedes son una sociedad de artistas y deben descubrir juntos el mejor cuadro. La prensa publicará una reseña sobre el mejor cuadro».

Tiempo: 30 minutos.

3. Análisis

- ¿Con qué facilidad o dificultad se llevó en común el lápiz en las diversas parejas?
- ¿Hubo determinadas situaciones en las que se notó tirantez?
- ¿Ha sido sólo uno el que ha conducido, se han cambiado los compañeros o no hubo nada parecido?

DINÁMICA 2: EL MENSAJE DEL ROSTRO

1. Objetivo

- Comprobar cómo la imagen física de nuestro interlocutor condiciona las comunicaciones interpersonales.
- Ver cómo nos comunicamos a través de las expresiones.
- Ver cómo muchas de nuestras expresiones tienen sentido de acuerdo a la situación y experiencias particulares de las personas.

2. Instrucciones

- Se divide la clase en pequeños grupos de 3 o 4 personas.
- Cada subgrupo califica los rostros que se reproducen a continuación, aplicándole alguna característica a sus expresiones (como ayuda se reproduce en el material una lista de rasgos a tener en cuenta).
- Cada subgrupo decide que actitud habría que tomar para establecer una comunicación con cada uno de los rostros representados.
- Cada participante de forma individual elegirá el rostro que más se le parece, y se discute en los grupos para ver si coincide o no con la apreciación de los demás.
- Cada subgrupo presenta sus conclusiones y se establece una discusión en gran grupo.

3. Material

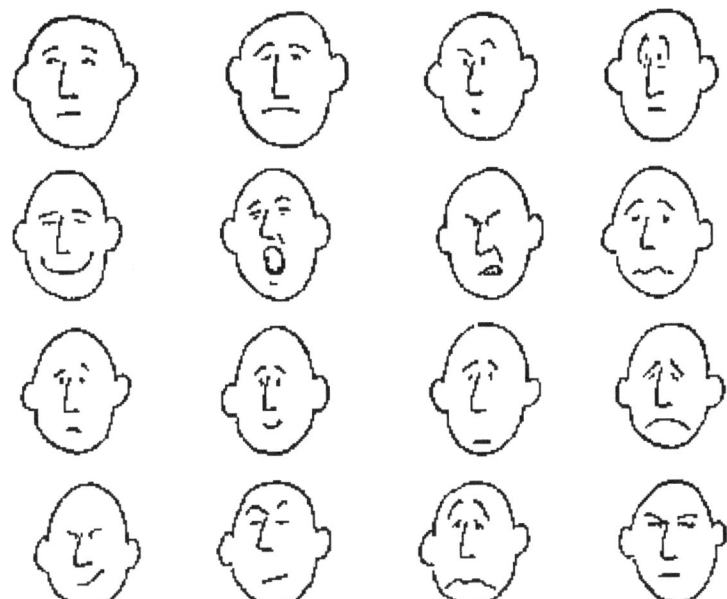

Rasgos de carácter:

- Extrovertido - introvertido.
- Retraído - expansivo.
- Inteligente - torpe.
- Alegre - triste.
- Simpático - antipático.
- Bueno - malo.
- Enérgico - blando.
- Dominante - sumiso.
- Franco - reservado.
- Confiado - desconfiado.
- Orgulloso - sencillo.
- Seguro - inseguro.
- Egoísta - generoso.
- Atento - distraído.
- Moral - inmoral.
- Sociable - insociable.

4. Análisis

La comunicación la realizamos a través de nuestro cuerpo, en este caso, la expresión facial.

Las expresiones pueden ser interpretadas de diferentes maneras, y esa interpretación que cada uno hace se relaciona con su vida personal, según el medio donde vive.

Las comunicaciones interpersonales están muy condicionadas por el modo como cada uno percibe la imagen física de su interlocutor.

Los rasgos faciales nos indican el estado de ánimo de nuestro interlocutor, así como su carácter por determinadas señales que todos solemos interpretar de forma universal.

Pueden servir de ayuda al análisis las siguientes cuestiones:

- ¿Por qué ante un mismo rostro los grupos han tenido diferentes percepciones aplicándoles diferentes rasgos?.
- ¿Por qué nos comportamos con nuestro interlocutor en función de las percepciones que tengamos de él a través de su rostro?.

DINÁMICA 3: JUEGO EXPERIMENTAL
CÍRCULO - CADENA - ESTRELLA*

1. Objetivo

Demostrar los efectos de un modelo de comunicación sobre la ejecución de una tarea y sobre las relaciones socioemotivas de los miembros.

2. Instrucciones

En este juego se forman subgrupo, cada uno dispondrá de varias rondas de 5 tarjetas cada una, en cada tarjeta aparecerán 5 símbolos, y sólo uno será común en las 5 tarjetas de cada ronda.

La tarea de cada subgrupo consiste en averiguar cuál es el símbolo común en cada ronda.

* Leavitt (1951).

Los pasos a seguir y las instrucciones para la realización del ejercicio son los siguientes:

- Composición de tres grupos de cinco miembros cada uno.
- En este juego nadie puede pronunciar una sola palabra. El grupo sólo debe comunicarse por escrito, por medio de papeletas preparadas previamente.
- Se asignan a cada grupo diversos sistemas de comunicación: estrella, cadena y círculo.
- Los participantes se agruparan alrededor de una mesa conforme al esquema que marcan los dibujos, según el modelo de comunicación asignado, y asegurándose de que nadie vea las fichas de otros.
- Se reparten a los subgrupos las tarjetas con diferentes símbolos correspondientes a la primera ronda. Existen en total 15 rondas y 5 tarjetas por ronda (según el cuadro de material). En cada ronda hay un solo símbolo común.
- Cada grupo debe averiguar, comunicándose por escrito, cuál es el símbolo común que poseen todos entre sus cartas en cada ronda.
- Sólo cuando todos los miembros hayan reconocido poseer el símbolo común lo darán a entender levantando la mano. Entonces se reparten las fichas para la siguiente ronda.
- Se tomará nota del tiempo que emplea cada grupo en identificar los símbolos.

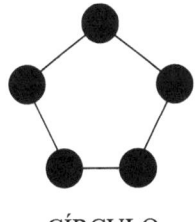 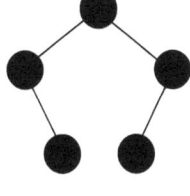 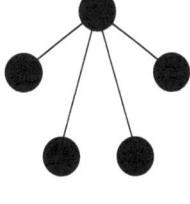

CÍRCULO   CADENA   ESTRELLA

3. Material

Ronda n°	Símbolos de las tarjetas: ▲ ♦ ✱ ● ■ ✣					Símbolo común a todos
	Símbolos que faltan					
	1	2	3	4	5	
1	▲	♦	✱	●	■	✣
2	♦	●	■	▲	✣	✱
3	✣	✱	■	▲	♦	●
4	■	♦	▲	✱	✣	●
5	●	✱	✣	▲	■	♦
6	▲	●	■	✱	♦	✣
7	■	✣	●	♦	▲	✱
8	♦	✱	■	✣	●	▲
9	✱	♦	■	▲	●	✣
10	✣	●	■	✱	♦	▲
11	●	✣	▲	♦	✱	■
12	✱	●	■	▲	✣	♦
13	▲	●	♦	■	✣	✱
14	■	♦	✣	✱	▲	●
15	✣	●	■	♦	✱	▲

4. Análisis

- ¿Qué modelo de comunicación termina primero?
- ¿Qué formas de organización colectiva existieron?
- ¿Cuál fue el grado de satisfacción de los miembros de cada subgrupo?
- ¿Cuál fue la posición del jefe?
- ¿Qué estrategias empleo cada subgrupo?

MODELOS DE COMUNICACIÓN EN GRUPOS

Los miembros de un grupo están en contacto unos con otros a través de determinados canales internos de comunicación colectiva. La forma de estos modelos de comunicación puede variar según los casos.

Se han estudiado las siguientes constelaciones de cada uno de los miembros de un grupo: constelación en círculo, cadena, estrella (o rueda) y horquilla, en lo que se refiere a la rapidez en la solución de tareas, a la exactitud, a la organización dentro del grupo, al papel del jefe (si lo hay) y a la satisfacción de los distintos miembros del grupo.

Representación esquemática de las constelaciones:

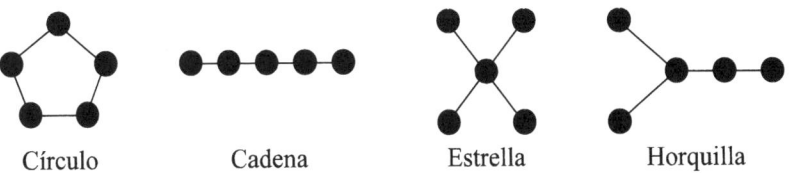

Círculo   Cadena   Estrella   Horquilla

El resultado del ejercicio sería el siguiente:

La constelación en círculo ofrece a cada miembro la misma posibilidad de comunicación; la constelación en estrella indica una destacada posición del jefe, pues cada uno de los otros miembros solo puede ponerse en contacto con todos los demás a través de la figura central.

Desde el punto de vista del tiempo necesitado, la constelación de estrella se reveló como la más rápida.

	MODELOS DE CONSTELACIÓN		
	CÍRCULO	CADENA	ESTRELLA
RAPIDEZ	Escasa	Grande	Grande
EXACTITUD	Escasa	Grande	Grande
ORGANIZACIÓN	Inestable	Lenta, estable	Rápida, estable
PAPEL DEL JEFE	Indefinido	Claro	Muy claro
SATISFACCIÓN	Muy grande	Escasa	Muy escasa

5. Otras aplicaciones

En el capítulo décimo: «Toma de decisiones y solución de problemas en grupo», con el objetivo de mostrar que modelo de comunicación es más eficaz en la solución de problemas, y quien es y como se comporta el jefe o líder en cada modelo de comunicación.

DINÁMICA 4: DIÁLOGO CONTROLADO*

1. Objetivo

- Agudizar la percepción para procesos comunicativos.
- Ejercitar la atención minuciosa para poder controlar al escuchado.
- Ejercitar la capacidad de síntesis propia.
- Ejercitar la utilización de la expresión exacta.
- Comprender de la complejidad y dificultades de cada comunicación.
- Ejercitación de la escucha activa.

2. Instrucciones

- Ejercicio en grupos de tres.
- Repartir hojas de material a todos.
- Eventualmente ofrecer catálogo temático o hacer sugerencias sobre posibles temas; si no, dejar tiempo suficiente para el reparto de roles en el grupo y para la elección de temas.
- De los miembros del grupo, 2 conversan y el tercero hace de observador, durante 15 minutos; después se permutan los roles y se repite la acción.
- La evaluación y discusión, es preferible en 2-3 grupos de 3 que en el grupo en general.
- Resumen de los puntos críticos y distribución del análisis: diálogo controlado.

3. Material

Distribuidos los participantes en grupos de 3 (roles A, B y C); dos de cada tres participantes (A y B) eligen un tema y tratan de sostener una conversación sobre él. C actúa como observador e interviene verbalmente cuando las reglas del juego no se cumplen. También se encarga de medir el tiempo.

Las reglas son las siguientes:

A comienza con una frase; B tiene que repetir en principio la frase de A con su sentido exacto; si el sentido de la frase no ha sido desfigurado por B, tiene que confirmarlo A con «es verdad» o «cierto»; sólo entonces puede B responder a la frase de A.

Si una frase no es repetida en todo su sentido por B (o por A), y A (o B) no lo confirma con «es verdad» o «cierto», sino que niega con «falso» o «no»,

* Tomado de Antony K. (1990). Práctica de la dinámica de grupos. Barcelona: Herder.

entonces A (o B) tiene que repetirla de nuevo; si continúa siendo falsa, se volverá a repetir, etc.

Esta conversación dura 15 minutos (en total tres veces), después se cambian los papeles, de modo que cada participante sea una vez observador. Al cabo de los 45 minutos, una vez finalizado, se reúnen para la discusión en común.

EJEMPLO DE DIÁLOGO CONTROLADO

Supongamos que el tema fuera: ¿Son los monitores necesarios o superfluos en las sesiones de grupo?

A: En mi opinión podríamos ahorrarnos la presencia de los monitores en las sesiones de grupo, pues no dicen nada.

B: Usted opina que podríamos ahorrarnos la presencia de los monitores en las sesiones en grupo, puesto que no dicen nada.

A: Es verdad.

B: Pero yo pienso que si no los tuviéramos, no sabríamos exactamente lo que debemos hacer.

A: Usted opina que si los monitores no asistiesen a las sesiones de grupo, no sabríamos bien lo que hacer.

B: Cierto.

A: ....

4. Análisis

¿Qué clase de problemas hacen que a dos personas les resulte difícil entenderse en el transcurso de una conversación?

Defectos frecuentes por parte del que habla

- No organiza sus pensamientos antes de hablar.
- Se expresa con imprecisión.
- Intenta transmitir demasiado contenido con pocas palabras, de modo que esto produce un efecto desconcertante. La eficacia aumenta con la brevedad.

- Introduce demasiadas ideas en sus juicios, con frecuencia sin relación entre sí, de modo que el interlocutor encuentra dificultad en resumirlas.
- Sigue hablando por falta de seguridad, sin apreciar la capacidad de aprensión de su interlocutor. La falta de eco, cuando se habla mucho tiempo, acrecienta una necesidad de confirmación que ha de quedar sin efecto.
- Pasa por alto determinados puntos de la respuesta del hablante anterior y por eso no responde oportunamente a lo que se había dicho antes. La conversación no progresa.

Defectos frecuentes por parte del que oye

- No presenta la debida atención.
- Está pensando en su respuesta y la ensaya en lugar de escuchar atentamente.
- Tiende más bien a fijarse en detalles e incluso a entusiasmarse por ellos, en lugar de recoger todo el sentido y las informaciones principales.
- No hace más que prologar el pensamiento del hablante, repite más de lo que el interlocutor ha dicho.
- Intenta encajar en sus esquemas mentales lo que él menos domina.

La experiencia real de que entender y ser entendido no son en absoluto fenómenos tan evidentes como a menudo ingenuamente se supone, le hace a uno más sensible a las posibilidades de incomprensión, de desatención y de ser mal entendido en un grupo algo numeroso.

DINÁMICA 5: CLÍNICA DEL RUMOR

1. Objetivo

Comprobar y demostrar cómo se distorsiona la comunicación cuando se trata de un rumor que va de persona en persona.

2. Instrucciones

- Al menos 5 voluntarios salen del aula, al resto de alumnos se les entrega una de las historias que aparecen a continuación y se lee en voz alta.
- Entra el primer voluntario y uno de los alumnos que han recibido la his-

toria se la cuenta, diciéndole que debe transmitírsela al segundo voluntario, y así sucesivamente.
- Se repiten estos pasos hasta que han escuchado la historia todos los voluntarios que salieron fuera del aula.
- Al alumno que escucha la historia no le está permitido hacer preguntas.
- Al último voluntario se le pide que cuente la historia que le han transmitido y se compara la información que este recibe con la historia real.
- Establecimiento de conclusiones.
- Este ejercicio puede realizarse con las dos historias que se proponen a continuación, pero también podrá realzarse con una historia cualquiera que el docente seleccione de un diario, un libro, etc..

3. Material

La historia de Thierry

Esta historia sucedió durante la Edad Media. Aquella tarde se daba una gran fiesta en el castillo del Barón Castabarre. En la amplia sala había una gran chimenea en la que ardían árboles enteros. Delante, sobre una piel de cabra, estaba recostado un juglar que cantaba canciones de gesta acompañándolas con mímica y con la música de una viola.

Había numerosos invitados: archiduques, grandes duques, pequeños duques, marqueses, condes, vizcondes, damas, donceles, damiselas, caballeros. Estaba también entre los asistentes un joven de doce años llamado Thierry, hijo del barón Castabarre.

Este muchacho escuchaba maravillado las canciones del juglar: eran relatos referentes a las guerras en las que se narraban las hazañas de caballeros. Thierry deseaba mucho convertirse en un valiente e intrépido caballero.

Por la noche, después de la fiesta, subió a su habitación por una escalera de caracol, mal iluminada. Tenía cuidado de no caerse porque había a la derecha unas troneras negras y a la izquierda otras de color verde. Cuando llegó a su habitación, vio una gran luz, y en medio de ella, un caballero vestido con una armadura negra. Llevaba un penacho de color gris verdoso y tenía el yelmo bajado. Llevaba en la mano una espada engastada en diamantes.

El caballero se dirigió a Thierry diciéndole: «Sé que deseas convertirte en caballero; para ello debes dar pruebas de valor. Para demostrar que no tienes miedo a nada, vas a saltar por la ventana».

Thierry, sin dudarlo un momento, se acercó a la ventana, y tomando impulso hacia fuera, cayó al pie de la torre, justamente sobre un caballo blanco que se encontraba allí. El caballo partió inmediatamente a galope. Atravesó el puente levadizo y se internó a toda velocidad en el bosque. El caballo se detuvo ante un claro y se acercó a una piedra redonda que se hallaba en el centro. Por tres veces golpeó con su casco la pequeña roca y la piedra comenzó a girar sobre sí misma descubriendo la boca de un pozo.

Thierry bajó del caballo y vio que en la pared del pozo había una escalerilla de hierro enmohecido. Thierry comenzó a bajar, a medida que descendía la luz se hizo más clara y cuando llegó abajo vio que la luz procedía de una antorcha fija en la pared del pozo. Tomó la antorcha y descubrió ante sí un subterráneo. El suelo estaba cenagoso y húmedo: era una verdadera cloaca. De la bóveda del subterráneo colgaban pequeñas raicillas en cuyo extremo había gotas de agua, algunas de las cuales se desprendían y caían sobre el suelo con un ruido apagado.

Thierry, sujetando firmemente su antorcha, se internó en el subterráneo, avanzó lentamente, mientras que la luz temblorosa de la antorcha proyectaba sobre las paredes del subterráneo sombras vacilantes y fantásticas.

De pronto, Thierry vio delante de él a un topo, dos topos, tres topos..., el cuarto topo apareció exactamente a media noche. Thierry llegó a una puerta provista de pesados herrajes. La empujó y se abrió con un chirrido descubriendo la entrada a una caverna subterránea circular. En un rincón se hallaba un viejo completamente calvo, con una larga barba en la cual se había hecho un nudo, no se sabe por qué razón. Tenía dos cestos, uno a la derecha y otro a la izquierda. De vez en cuando metía la mano en el cesto de la izquierda, cogía un ratón, al que esquilaba completamente para depositarlo a continuación en el cesto de la derecha, fabricaba ratones esquilados.

Vendía estos animales a los dueños de los castillos de los alrededores deseosos de gastar bromas a sus invitados.

El viejo se dirigió a Thierry con una voz cavernosa: «Thierry, hasta ahora has sido muy valiente, pero aún tienes que pasar por una última prueba. ¿Ves ese cofre de madera, con refuerzos de hierro, que se encuentra allí sobre la mesa de piedra?, vas a sentarte a horcajadas sobre ese cofre y decir tres veces la fórmula mágica: abebo kalebilebo, abebo kalebilebo, abebo kalebilebo». Thierry se subió a la mesa de piedra, se instaló sobre el cofre y dijo las palabras mágicas.

Al punto aparecieron dos alas a un lado y otro del cofre y este se echó a volar por el interior de la caverna, y después de dar muchas vueltas, el cofre se precipitó por una hendidura de la bóveda y salió al aire libre.

Voló sobre el bosque y se dirigió al castillo del barón Castabarre. El cofre volaba más y más deprisa, y Thierry se agarraba cada vez con mayor fuerza, pero se dio cuenta horrorizado de que el cofre se dirigía hacia la ventana de su habitación y que esta ventana era demasiado estrecha para dejar pasar el cofre, y finalmente ¡Bum! se estrelló contra la ventana.

En este momento el muchacho se despertó sobre la alfombra, al pie de su cama, todo había sido un sueño.

Diario de Andalucía

En la página de sucesos del diario de Andalucía ha aparecido la siguiente noticia:
Un camión del circo Americano, en el que viajaban cinco leones africanos, a causa de un fallo en el sistema de frenos, después de atropellar a una señora y dos niñas en un paso de cebra, se estrelló contra el inmueble número 17 de la calle Doctor Fuentes, en el que están situadas las galerías comerciales «El Corte Vienés».

De resultas de la colisión quedaron en libertad las fieras que han sembrado el pánico entre los clientes de dichas galerías y los transeúntes que pasaban en ese momento por dicho lugar. Produciéndose muchos heridos víctimas del miedo, al tratar de huir de forma ciega.

La rápida intervención de la fuerza pública y el valor del domador han evitado más graves consecuencias.

Dos de los leones han sido muertos a tiros, siendo capturados vivos otros dos que están encerrados provisionalmente en la cárcel municipal.

El quinto león perseguido por agentes de la policía se ha refugiado en los montes cercanos en los que se le busca con todos los medios disponibles.

Las víctimas del accidente han sido identificadas como la señora Rodríguez y sus dos hijas de 7 y 5 años de edad.

La ciudad está conmocionada por tan trágico suceso.

4. Análisis

Discutir sobre cómo nos llegan en la realidad las noticias y acontecimientos y cómo se dan a conocer y cómo esto depende del interés y la interpretación que se le da.

La distorsión de un mensaje se da por no tener claro el mensaje, pues por lo general, se nos queda en la memoria aquello que nos llama más la atención, o lo que creemos que es más importante.

La distorsión en la comunicación puede ser debida a deficiencias en:

Emisor.

- Volumen de voz.
- Intención.
- Frecuencia de emisión.
- Rapidez de emisión.
- Defectos de vocalización.
- Alteración de equilibrio psíquico.

Mensaje.

- Códigos ambiguos - subjetividad.
- Códigos incompletos.
- Estructura desordenada, confusa o incompleta.
- Códigos desconocidos (culturas).
- Códigos difusos (subculturas).

Canal.

- Ruido ambiental.
- Excesiva distancia interpersonal.
- Defecto del elemento físico.

Receptor.

- Ausencia de atención.
- Defectos de audición.
- Egocentrismo - intolerancia (sólo se decodifica lo que interesa).
- Alteración del equilibrio psíquico.
- Subjetividad - percepción.

DINÁMICA 6: EL RECORRIDO DE LA COMUNICACIÓN

1. Objetivo

- Comprobar las leyes que se pueden establecer en un proceso de comunicación.
- Comprobar como el mensaje se distorsiona al ir pasando de persona en persona.

2. Instrucciones

- Deben salir 6 participantes fuera del aula.
- A otro participante se le dan las siguientes instrucciones: «Le vamos a enseñar un cuadro durante 45 segundos, memorícelo bien para que a continuación pueda describirlo al participante siguiente». Se le muestra a continuación el dibujo durante 45 segundos.
- Se pide al primer participante que está fuera que entre y se le explica: «Este compañero ha visto un dibujo y se lo va a describir. Esté usted muy atento para que pueda describirlo después al que sigue». El primero explica el dibujo y después se le pide que se siente (no se permite que el otro pregunte).
- Se hace entrar al siguiente participante y se procede de la misma manera hasta que pasa el último.
- Al oír el último participante la descripción del anterior se le pide que dibuje el cuadro en el papelógrafo o en la pizarra, tal y como se lo imagina (no interesa si el dibujo es perfecto o no).

3. Material

4. Análisis

- Se compara el dibujo elaborado por el último participante con el original que se mostró.
- Se analizan las diferencias y se comenta el desarrollo del ejercicio, comprobando algunas leyes de la comunicación (lo verdadero no es lo que dice el emisor, sino lo que entiende el receptor, y la responsabilidad de la comunicación correcta es tanto del emisor, como del receptor).

Si se dispone de vídeo puede grabarse el desarrollo del ejercicio para luego visualizarse y comprobar cómo va distorsionándose el mensaje al pasar de boca en boca.

DINÁMICA 7: COMUNICACIÓN A PARTIR DE INFERENCIAS

1. Objetivo

Demostrar cómo inferimos cosas, hechos a partir de una comunicación escrita o hablada, sobre todo si la comunicación es ambigua.

2. Instrucciones

- Leer el texto en voz alta a los alumnos.
- Cada alumno contestará individualmente a las preguntas del cuestionario. No se permiten preguntas.
- Comentario en gran grupo de las respuestas dadas, resaltando cómo algunas de ellas se basan en inferencias.

Texto: el farmacéutico.

Un farmacéutico acababa de apagar las luces de la farmacia, cuando apareció un hombre y pidió dinero. El propietario abrió la caja registradora. Una vez consiguió el dinero y lo colocó apresuradamente en uno de sus bolsillos, el joven desapareció.

Texto: coloquio en los vestuarios.

Carlos, jefe de taller, al pasar por los vestuarios se encontró con dos hombres charlando mientras fumaban un cigarrillo. Uno de ellos era de su taller, y ya en varias ocasiones le ha hecho advertencias sobre su predisposición a esfumarse durante el trabajo.

El reglamento no precisa si se puede fumar o no en los vestuarios, pero recientemente se han promulgado consignas relativas a la seguridad.

3. Material

Cuestionario: el farmacéutico

Marque la C si cree que es correcta la afirmación, la I si cree que es incorrecta y la ? si tiene dudas.

1. Un hombre apareció después de que el propietario apagara las luces.

| C | I | ? |

2. El ladrón fue un hombre.

| C | I | ? |

3. El hombre que apareció, no pidió dinero.

| C | I | ? |

4. El propietario vació el contenido de la caja registradora y se fue.

| C | I | ? |

5. Una vez que el hombre que pidió el dinero lo colocó en su bolsillo, salió corriendo.

| C | I | ? |

6. Aunque la caja registradora contenía dinero, la historieta no dice cuánto.

| C | I | ? |

7. El ladrón pidió el dinero al propietario.

| C | I | ? |

8. Un farmacéutico acababa de apagar las luces, cuando un hombre entró en la farmacia.

| C | I | ? |

9. Era pleno día, cuando el hombre apareció.

| C | I | ? |

10. El hombre que apareció en la farmacia abrió la caja registradora.

| C | I | ? |

Cuestionario: coloquio en los vestuarios

Marque la V si cree que es verdadera la afirmación, la F si cree que es falsa y la ? si tiene dudas.

1. Resumiendo, la historia se refiere a un jefe de taller que encontró a dos hombres fumando en los vestuarios.

| V | F | ? |

2. Carlos conocía a uno de los hombres.

| V | F | ? |

3. Carlos pasaba casualmente por los vestuarios.

| V | F | ? |

4. Carlos hizo una observación a los dos hombres.

| V | F | ? |

5. Uno de los hombres era de otro taller.

| V | F | ? |

6. Las consignas relativas a la seguridad han sido promulgadas haciendo referencia a los vestuarios.

| V | F | ? |

7. Carlos se opone formalmente a que se fume en los vestuarios.

| V | F | ? |

8. Los dos hombres estaban fumando durante las horas de trabajo.

| V | F | ? |

9. La historia sucede entre un jefe y dos empleados.

| V | F | ? |

4. Análisis

Discutir si hay preguntas en el cuestionario que no tienen una respuesta exacta y si esto es debido a que hay palabras que encierran conceptos, ideas determinadas sobre las cosas (por ejemplo, al farmacéutico lo relacionamos directamente con el dueño de la farmacia).

Analizar que una descripción de los puros hechos no es suficiente para emitir un juicio, para hacer una interpretación.

DINÁMICA 8: MÚSICA PARA UNA VACA

1. Objetivo

Reflexionar a cerca de cómo para que haya comunicación, el emisor y el receptor deben compartir el mismo código.

2. Instrucciones

- Se les entrega el relato a los alumnos para que lo lean y se les pide que extraigan conclusiones.
- Comentario sobre las conclusiones en gran grupo.

3. Material

Un día, el célebre músico Kung Ming-yi tocó música clásica ante una vaca; ésta continuó pastando inmutable. «No es que ella no la oiga, es mi música que no le interesa», se dijo el músico. Se puso entonces a imitar en su «chin» el zumbido de las moscas y el mugido de los terneritos. Al instante la vaca paró la oreja, y balanceando su cola se acercó al músico para escuchar hasta el final la música, que esta vez tenía un significado para ella (Mu Yunh).

4. Análisis

Centrar la atención de los alumnos sobre cómo la música no tenía significado para la vaca porque no conocía ese código; por el contrario, cuando el músico utiliza el código conocido por la vaca ésta presta atención.

Concluir en la necesidad de que emisor y receptor compartan el mismo código para que haya comunicación.

DINÁMICA 9: OTRO DÍA

1. Objetivo

Demostrar cómo influye el prestigio del emisor en la comunicación.

2. Instrucciones

- La misma poesía está firmada por Aleixandre y por un estudiante. Se reparte a la mitad de la clase una firma y a la otra mitad la otra firma y se les pide que puntúen la poesía de 0 a 10 (habitualmente se puntúa más alto la firmada por Aleixandre).
- Discusión en gran grupo sobre los resultados obtenidos haciendo hincapié en cómo influye en la puntuación el prestigio del emisor.

3. Material

POESÍA

Aunque la lluvia baile
    El sol
        bordará un día en tu bastidor
De tus ojos saldrán

los minutos entumecidos
Volando con las hojas de los libros
Y un «te acuerdas»
hará el nido en la hiedra de tus cabellos
la serpiente que llevas en tus hombros
　　　aprendió pocos versos
Pero sabe muy bien
　　　que tu boca sin labios
　　　es un plazo perpetuo.

　　　　　　　　Agustín Gómez Herraiz.
　　　　　　　　Estudiante de cuarto de Filosofía y Letras.

Otorga una calificación de 0 a 10 a las siguientes cuestiones:

1. En qué grado te ha gustado la poesía.

2. Puntúa su calidad literaria.

POESÍA

Aunque la lluvia baile
　　　El sol
　　　　　　bordará un día en tu bastidor
De tus ojos saldrán
　　　los minutos entumecidos
Volando con las hojas de los libros
Y un «te acuerdas»
hará el nido en la hiedra de tus cabellos
la serpiente que llevas en tus hombros
　　　aprendió pocos versos
Pero sabe muy bien
　　　que tu boca sin labios
　　　　　　es un plazo perpetuo.

　　　　　　　　Vicente Aleixandre.
　　　　　　　　Premio Nobel de literatura.

67

Otorga una calificación de 0 a 10 a las siguientes cuestiones:

1. En que grado te ha gustado la poesía.
2. Puntúa su calidad literaria.

4. Análisis

Comprender como la poesía firmada por Vicente Alixandre habrá sido puntuada más alta debido a que el emisor goza de prestigio.

El prestigio del emisor puede influir en la actitud que adopten los receptores ante el contenido de la comunicación y la comunicación en si misma.

Previamente a la comunicación, la actitud de los receptores depende únicamente del prestigio del emisor y de factores como el nivel de formación del mismo, la apariencia, etc.

Durante la comunicación la actitud puede variar en función del contenido de la misma, la argumentación que utilice el emisor, la competencia en la materia, etc.

Tras la comunicación la actitud puede verse influida por la interpretación del mensaje y el intercambio posterior de información entre los receptores.

DINÁMICA 10: LAS COMUNICACIONES ESCRITAS

1. Objetivo

- Medir la capacidad de atenerse a las instrucciones escritas.
- Analizar las consecuencias de no atender a la totalidad del mensaje.

2. Instrucciones

Se les da a los alumnos la lista con todas las instrucciones escritas y se les pide que las lean detenidamente y las lleven a cabo. Se les informa que disponen de 3 minutos para realizar el ejercicio de forma individual.

Para realizar este ejercicio será necesario disponer de la hoja de material, papel y lápiz.

3. Material

Procure seguir correctamente las siguientes instrucciones:

1. Siempre hay que leer con cuidado todas las cosas antes de actuar.
2. Escriba su nombre en el ángulo superior derecho de esta hoja.
3. Rodee con un círculo la palabra «nombre» en la instrucción 2.
4. Dibuje cinco cuadrados pequeños en el ángulo superior izquierdo de esta hoja.
5. Escriba una X en cada uno de los cinco cuadrados que ha dibujado.
6. Rodee con un círculo cada uno de los cinco cuadrados que ha dibujado.
7. Firme debajo del título de esta página.
8. Después de la descripción del objetivo «medir la capacidad...» escriba SI, SI, SI.
9. Rodee con un círculo el número de la instrucción.
10. Escriba una X mayúscula en el ángulo inferior izquierdo de esta hoja.
11. Dibuje un triángulo alrededor de esta X mayúscula.
12. En el reverso de esta hoja multiplique 70 x 30.
13. Dibuje un círculo alrededor de la palabra «hoja» en la instrucción 4.
14. Pronuncie en voz alta su primer nombre de pila cuando llegue a esta instrucción 14.
15. Si cree que hasta ahora se ha atenido correctamente a las instrucciones, diga «Si» en voz alta.
16. Sume 107 + 278 en el reverso de esta hoja.
17. Rodee con un círculo el resultado de esta suma.
18. Cuente en voz muy alta: 1, 2, 3, 4, 5, 6, 7, 8, 9, 10.
19. Diga en voz alta: «Soy el que mejor se atiene a las instrucciones».
20. Subraye el número de las instrucciones 2, 5 y 19.
21. Ahora que ha terminado de leer cuidadosamente estas instrucciones, lleve a cabo solamente las instrucciones 1 y 2.

4. Análisis

Comentario en gran grupo sobre lo que ha sucedido.

Fijar la atención de los alumnos sobre cómo es necesario leer toda la lista de instrucciones antes de pasar a la realización.

DINÁMICA 11: LA IMAGEN DE MI YO*

1. Objetivo

Analizar cómo la imagen que tengo de mi mismo y la que los demás tienen de mí influye en mi forma de comunicar.

2. Instrucciones

- Se reparte a cada alumno el material con las 38 figuras y el cuestionario.
- Cada alumno de forma individual observa las figuras y responde al cuestionario.
- Reunidos en pequeños grupos los alumnos ponen en común sus respuestas y las someten a la opinión de sus compañeros de grupo.
- Se elaboran conclusiones del ejercicio en cada subgrupo.

* Tomado de Jiménez Hernández-Pinzón, F. (1991). *La comunicación interpersonal, ejercicios educativos*. Madrid: ICE.

3. Material

Cuestionario

- ¿Como qué número creo que suelo actuar? ¿Por qué?
- ¿Como qué número pienso que me ven los demás (p. e. mis alumnos, o mis compañeros, o mi familia, etc.)? ¿Por qué?
- ¿Como qué número me gustaría que me vieran? ¿Por qué?
- ¿Como qué número me gustaría que no me vieran? ¿Por qué?

- ¿Como qué número creo que suele actuar la mayoría (especificar los profesores, o los de determinada edad, o sexo, o clase social, etc.)? ¿Por qué?
- ¿Como qué número veo yo al que se sienta a mi derecha? ¿Por qué?

4. Análisis

Normalmente puede ocurrir que la imagen que tenemos de nosotros mismos no coincida necesariamente con la que tienen los demás de nosotros y eso provoca que a veces la comunicación se dificulte con nuestro interlocutor. La imagen que tenemos de nosotros mismos está formada por la composición de varios factores:
1. Lo que creemos ser. La propia conciencia que hemos ido adquiriendo de nosotros mismos a través de nuestras experiencias y que conforma lo que piensa cada uno de sí mismo.
2. Lo que deseamos ser. La imagen con la que nos comparamos a través de modelos referenciales que implican valores culturales, sociales, familiares, etc. Es la imagen idealizada y que actual en nuestro comportamiento y en nuestra forma de comunicarnos.
3. Lo que los demás ven en nosotros. Esto condiciona sus actitudes y comportamientos hacia nosotros, así como también su forma de comunicarse con nosotros y de interpretar nuestros mensajes.
4. La imagen con que se nos identifica por «como son la gente de tal edad», «o los de tal sexo», «o los de tal profesión», o de cualquiera de los grupos de pertenencia en que nos integramos.

5. Otras aplicaciones

Puede aplicarse en el capítulo 7 «Percepción», similar a la dinámica 5: «Percepción interpersonal».

DINÁMICA 12: YO LO MIRO ASÍ

1. Objetivo

- Analizar el elemento subjetivo en la comunicación.
- Ejercitar la descripción.
- Analizar las consecuencias de la comunicación fraccionada.

2. Instrucciones

- Se piden tres voluntarios que salen fuera del aula.
- A estos tres voluntarios se les muestra un libro y se les dan las siguientes instrucciones:
  - Cada uno vais a describir al auditorio sólo una parte del libro, sin poneros de acuerdo en cómo lo vais a describir. Uno describirá el lomo, otro la parte de atrás y otro la portada.
- No se puede decir lo que es, ni para qué sirve, ni que pensamos de él; se trata sólo de una descripción objetiva de cómo es el libro.
- Cada uno de los voluntarios pasa al aula y describe la parte del objeto que le tocó.
- Al resto de los alumnos se les dice que deben adivinar a que objeto se están refiriendo los compañeros.
- Una vez finalizadas las descripciones cada uno del resto de los alumnos debe decir que objeto cree que es y explicar que aspectos de la descripción le hicieron pensar en ese objeto.
- Discusión en el grupo sobre las diferentes interpretaciones de las descripciones.

3. Análisis

Hacer que los alumnos a través del análisis del ejercicio lleguen a las siguientes conclusiones:

- A una misma cosa se le pueden dar diferentes interpretaciones dependiendo de cómo se la mire.
- El conocimiento o comunicación parcial lleva a tener ideas equivocadas.
- Para que haya una buena comunicación es necesario tener capacidad de descripción y observación.
- Es necesario tener una información completa y objetiva antes de emitir una opinión sobre algo.

Hacer que los alumnos se den cuenta de cómo lo que ha ocurrido en el ejercicio ocurre en la vida cotidiana: en las noticias, comentarios, opiniones, «chismes», etc.

Capítulo 4

FEED-BACK

INTRODUCCIÓN

Feed-back significa literalmente retro-alimentación, la respuesta que recibe el sujeto sobre sus actuaciones, comunicaciones o personalidad. Si tenemos en cuenta que en el proceso de comunicación se va produciendo una reducción o distorsión del mensaje o contenido de la comunicación según el siguiente esquema, entenderemos la importancia del feed-back en el proceso de comunicación (Jiménez Hernandez-Pinzón, 1991).

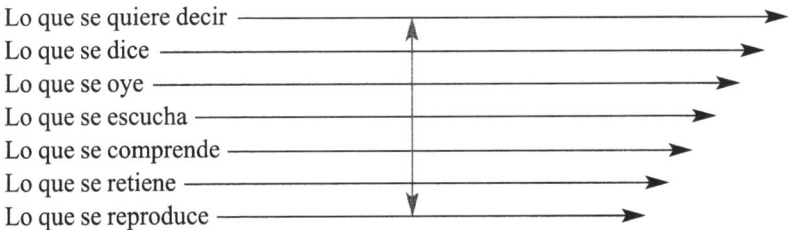

Lo que se quiere decir
Lo que se dice
Lo que se oye
Lo que se escucha
Lo que se comprende
Lo que se retiene
Lo que se reproduce

El feed-back sería por tanto el efecto de retorno o respuesta del mensaje. Abarca las consecuencias de las actuaciones comunicativas. El proceso de comunicación quedaría incompleto si no se produce una respuesta del receptor que indique que éste ha comprendido el mensaje. Mediante el feed-back las funciones de emisor y receptor se intercambian, el emisor se convierte en receptor y el receptor en emisor alternativamente.

Entenderemos el feed-back como circuito de regulación, es una comunicación a una persona en la que se facilita información sobre cómo son percibidos y entendidos sus modos de comportamiento. Obtenemos información sobre el efecto que causa nuestra conducta o nuestro mensaje en el otro, y eso nos permite corregir de nuevo el rumbo de nuestra conducta.

En nuestras relaciones interpersonales o en nuestro modo de interaccionar, a veces nos desviamos de nuestro objetivo, el feed-back sería una forma de ayudar a plantearse la posibilidad de cambios en la conducta que nos acerquen al objetivo. Consiste por tanto en comunicar información verbal o no verbal a la otra persona sobre cómo nos afecta su conducta o sobre el mensaje que estamos recibiendo, y también en recibir información verbal o no verbal sobre cómo nuestra conducta afecta a los demás, o sobre cómo está siendo entendido el mensaje que enviamos.

En las conversaciones nos proponemos un objetivo y a veces, por lo que dice nuestro interlocutor, nos damos cuenta de que nos alejamos del objetivo y será este feed-back lo que nos permita cambiar de táctica.

El problema es que a veces el feed-back puede ser mal interpretado, es decir la información que nos envía nuestro interlocutor puede no ser interpretada correctamente y entonces la comunicación se vuelve confusa. Para evitar esto hay que cuidar la correcta recepción y transmisión del feed-back. Para esto basta a veces con una simple pregunta.

En un grupo, para que sus relaciones progresen, es necesario que exista feed-back, ya que permitirá apoyar y estimular los comportamientos positivos de los miembros del grupo y también corregir comportamientos que no favorezcan ni al interesado ni al grupo.

El feed-back puede ser directo o indirecto:

El feed-back directo hace referencia a las críticas y correcciones que se hacen al otro directamente. Para que este tipo de feed-back sea útil y aprovechado debe reunir una serie de condiciones (Klaus, 1990):

- Intención de ayuda: al comunicar transmitimos tanto lo que decimos como lo que sentimos, por eso al dar feed-back es imprescindible que nuestra intención sea la de ayudar al otro.
- Comparaciones y grafismos: el mensaje debe ser ajustado al nivel de conocimientos de la otra persona para que sea comprensible y deben evitarse comparaciones.
- Nivel de confianza: el feed-back será más aceptado cuanto más nivel de confianza haya entre emisor y receptor.
- Descripción: al describir nuestra reacción ante determinada conducta, dejamos a la otra persona que haga uso o no de esta información. Al no emitir juicios valorativos la otra persona no tiene necesidad de adoptar una postura defensiva.
- Concreción: para que sea útil el feed-back ha de ser concreto, fácil de seguir, ha de referirse a un hecho determinado, a una experiencia concreta. Las críticas generalizadas desconciertan y desaniman.
- Adecuación: han de tomarse en consideración las necesidades tanto del que recibe como del que ofrece el feed-back.

- Utilidad: ha de referirse a aquel comportamiento que puede ser modificado.
- Petición: el feed-back será tanto más efectivo cuando es el propio receptor el que formula la pregunta que le permite al emisor ofrecer información.
- Ofrecido a su debido tiempo: es mucho más efectivo si se ofrece inmediatamente después de ocurrir la conducta.
- Comprobado para asegurar una buena comunicación: puede hacerse preguntando al receptor sobre lo que hemos comunicado.

El feed-back indirecto se refiere al que obtenemos observando los resultados de nuestra acción, expresión, forma de ser, etc. Existe una gama de feed-back indirectos que ofrecen información con cierta frecuencia: los silencios de un grupo o una persona ante una situación concreta, formas de expresión no verbal que son muy significativas, por ejemplo un rostro de disconformidad, un gesto de negación, una expresión de incomprensión, etc. Por no ser directos, cada uno de estos tipos de feed-back de forma aislada pueden dejar dubitativo al que los recibe, pero la suma de todos ellos puede ser fácilmente interpretada.

Otro tipo de feed-back indirecto lo constituyen los resultados de nuestras propias acciones. El éxito o el fracaso de nuestras acciones, comunicaciones, sugerencias, etc. constituye una fuente de información sobre si fueron bien aceptadas o no, sobre si la comunicación fue correcta o no.

El feed-back por tanto, es un objetivo central de la dinámica de grupos. Para que un grupo de formación que comparte un objetivo común, el objetivo de aprendizaje, pueda alcanzarlo es necesario que esté cohesionado y para eso es necesario que haya patrones de comunicación maduros y que sea posible un feed-back adecuado. Pero para que exista este proceso de comunicación circular es necesario que los individuos que forman el grupo sean individuos autónomos, y que el grupo sea maduro y esté en un avanzado proceso de desarrollo.

En toda situación de aprendizaje el feed-back es un elemento básico. Se corregirá lo que estuvo mal hecho si media un oportuno feed-back, si el sujeto es consciente y sabedor, de una forma u otra, de lo que hizo mal y debe enmendar.

En Formación de Formadores el feed-back será de suma importancia si pensamos en la necesidad que tiene el formador de conocer los resultados de su conducta en los alumnos, así como de conocer las interpretaciones que estos hacen de los contenidos de la formación.

Mediante el feed-back podrá obtener información sobre la actitud de los alumnos ante la formación, sobre su estado de ánimo, cansancio, aburrimiento, motivaciones, etc., todo ello factores que influyen de manera determinante en el aprendizaje.

Los ejercicios de este capítulo son importantes para ensayar los diferentes procesos de feed-back, así como para demostrar la necesidad de que exista feed-back para que la comunicación sea completa y el grupo permanezca cohesionado y madure.

«Los rectángulos de Leavitt» estudian las repercusiones que tiene la comunicación en una o dos direcciones sobre el mensaje recibido por el receptor o receptores, sobre las posibilidades de reacción y comportamiento de los receptores y sobre sus procesos emocionales.

«La ventana de Johari» pretende representar el impacto que en la comunicación, tiene la expresión de nuestros sentimientos. También demuestra la importancia del feed-back, tanto de recibir información de los otros sobre como nos ven y que conocen de nosotros, como de tener intención de ayuda siempre que demos feed-back.

«La leyenda hindú» demuestra la importancia de la información de retorno para tener una imagen clara de los objetos y acontecimientos, para no tener una visión parcial del mundo. Es necesario que recojamos y escuchemos la información que todos nuestros interlocutores pueden enviarnos.

Los ejercicios «Intercambio de siluetas» y «Elección de profesión» pretenden poner de manifiesto la necesidad de recibir y enviar feed-back al resto de los miembros del grupo, ya que la imagen que tengan los demás de nosotros depende, en parte, del feed-back, y condiciona la forma de comportamiento e interacción que mantendrán con nosotros.

DINÁMICA 1: RECTÁNGULOS DE LEAVITT*

1. Objetivo

- Identificar una comunicación clara.
- Demostrar las diferencias existentes en una comunicación en ambos sentidos y en la comunicación de dirección única.
- Demostrar el proceso de feed back y las dificultades de comunicación que surgen por razón de fijación de roles.

* Leavitt y Müller (1951).

2. Instrucciones

Duración: 1 hora y media.

En este ejercicio se examina la comunicación en cuanto al tiempo empleado, la exactitud y los modos de comportamiento.

- Se nombra un monitor.
- Cada participante recibe un lápiz y dos folios de papel marcados con I y II respectivamente en el ángulo superior derecho.
- Instrucción: «Un monitor dará instrucciones para dibujar una serie de rectángulos. Ustedes deben reproducir esos rectángulos tal como se les comunica. En la primera prueba no hagan preguntas, por favor, tampoco obtendrán respuesta. En el segundo ejercicio pueden ustedes preguntar, y el monitor responderá a todas sus exigencias. Por más que pregunten, en ningún caso pueden mostrar la colocación de los rectángulos ni aclarar su relación mutua haciendo con la mano un dibujo en el aire. Sólo se permiten indicaciones verbales».

Primera fase:

- El monitor recibe el primer dibujo, puede estudiarlo cuidadosamente durante dos minutos y prepararse para dar a los miembros del grupo claras instrucciones.
- El monitor se sienta de espaldas al grupo de modo que los participantes no puedan ver el dibujo. No existe posibilidad de hacer ninguna pregunta.
- El monitor comunica al grupo con la mayor rapidez, pero también con la mayor precisión posible, lo que debe dibujar.
- Los participantes del grupo tratan de dibujar, según el mensaje que están recibiendo, los rectángulos.
- Se anota el tiempo empleado.

Segunda fase:

- El monitor recibe el dibujo II, se le invita a estudiar por dos minutos la relación entre los rectángulos, a darse luego la vuelta e indicar al grupo cómo han de dibujar los rectángulos.
- El monitor se coloca de manera que todo el grupo pueda verlo pero sin que puedan ver el dibujo.

- Se pueden hacer preguntas y el monitor puede responder o ampliar sus informaciones de la manera que considere más oportuna para la correcta confección de los dibujos.
- El grupo realiza el dibujo siguiendo las instrucciones del monitor.
- Se anota el tiempo empleado.

Tercera fase:

- Se muestran a los participantes los modelos de las dos series de rectángulos; se comprueba cuántos de los distintos rectángulos están dibujados correctamente en su orden y en su relación con el rectángulo precedente y subsiguiente. No importa el tamaño. Para esto se utilizan los modelos de diagramas adjuntos.
- Los resultados con respecto al tiempo consumido y a la exactitud se registran en las tablas.
- Se comenta con el grupo lo que ha ocurrido destacando la importancia de la comunicación en dos direcciones.

3. Material

DIAGRAMA 1

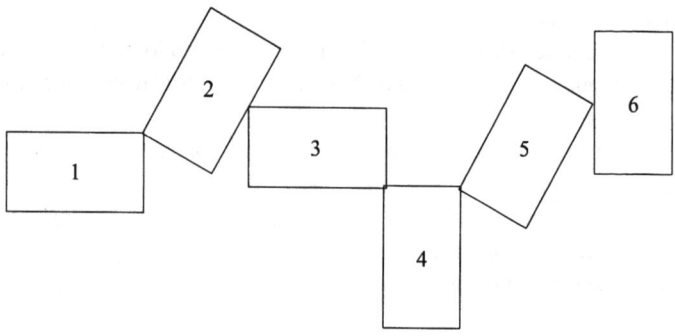

DIAGRAMA II

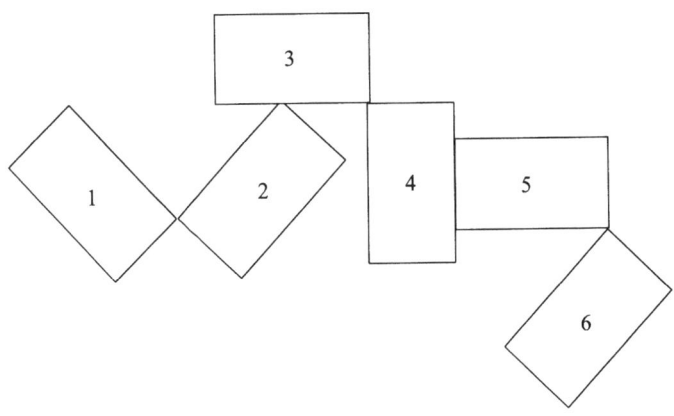

4. Soluciones

Para calcular la puntuación obtenida en su intento de registrar las comunicaciones del emisor, compare los diagramas abajo reseñados con los que usted dibujó en cada ocasión, teniendo en cuenta los siguientes criterios.

- Cuente el número de rectángulos que usted dibujó con la *Orientación correcta* (vertical, diagonal, u horizontal). Como hay 6 rectángulos, su puntuación por este concepto puede oscilar entre 0 y 6.
- Cuente el número de *Puntos de Contacto correctos*. El contacto es correcto cuando dos rectángulos se tocan en el mismo punto que en el diagrama modelo. Como hay 5 puntos de contacto, su puntuación por este concepto puede oscilar entre 0 y 5.

Su puntuación total, por tanto, puede oscilar entre 0 y 11.

DIAGRAMA I

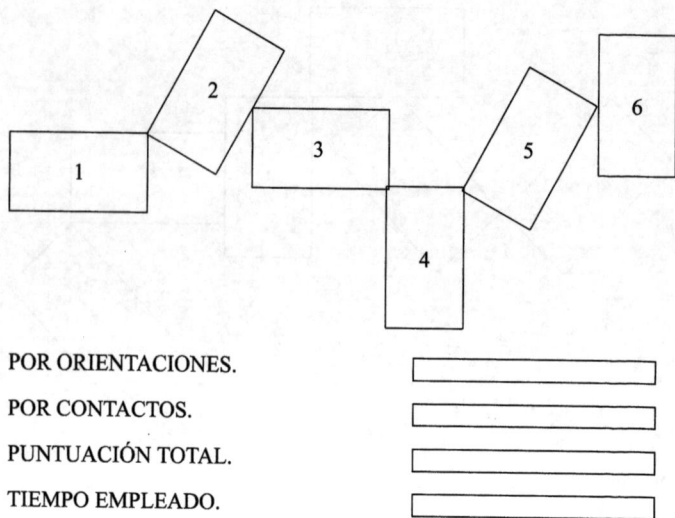

POR ORIENTACIONES.
POR CONTACTOS.
PUNTUACIÓN TOTAL.
TIEMPO EMPLEADO.

DIAGRAMA II

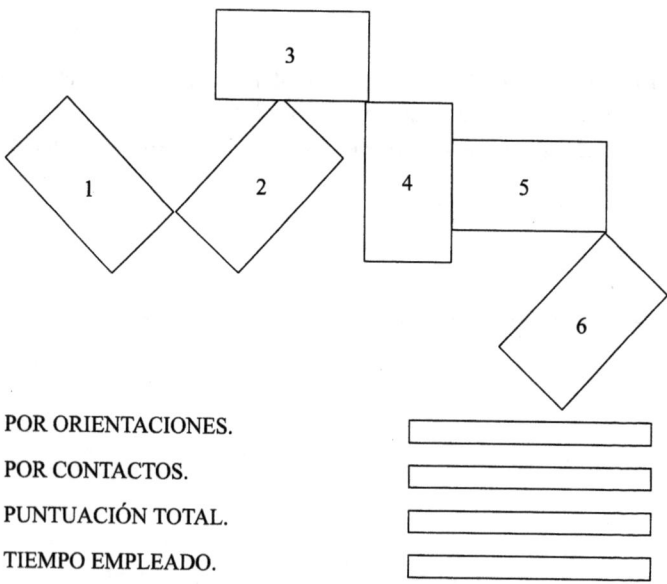

POR ORIENTACIONES.
POR CONTACTOS.
PUNTUACIÓN TOTAL.
TIEMPO EMPLEADO.

5. Análisis

Por lo general el resultado es el siguiente: lleva más tiempo hacer el segundo dibujo, pero el resultado es más correcto. Esto demuestra la riqueza de una comunicación en ambas direcciones, en comparación con el tipo de comunicación de la primera figura (vertical y en una sola dirección).

- ¿Han podido realizar la tarea? ¿Por qué?
- Problemas que se plantean en la comunicación unidireccional.
- Frustración durante la primera fase al no poder realizar la tarea por falta de información adecuada.
- Resaltar la importancia de la información de retorno, ya que cuando ésta no existe es difícil realizar una tarea.
- Resaltar la importancia de la expresión del rostro y los gestos como parte importante de la comunicación.

DINÁMICA 2: LA VENTANA DE JOHARI

1. Objetivo

- Establecer un modelo didáctico sobre las relaciones interpersonales.
- Representar las modificaciones de la percepción de sí mismo y del otro en el transcurso de un proceso de grupo.
- Representar lo que de nosotros piensan los demás y las ideas que nos formamos sobre ello.
- Representar la incidencia que tiene la expresión de nuestros sentimientos en la comunicación.

2. Instrucciones

- Los alumnos responden individualmente a su cuestionario y luego trasladan las puntuaciones obtenidas a su ventana.
- Comentario en gran grupo de los resultados obtenidos.

3. Material

Cuestionario. cómo te comunicas

Responda al siguiente cuestionario asignando una puntuación entre 0 y 10 a cada una de las afirmaciones, según si está de acuerdo o en desacuerdo con ellas.

El 0 significaría «completamente en desacuerdo» y el 10 «completamente de acuerdo», pudiendo asignar valores medios entre 0 y 10.

1. Si estuviese en una reunión e ignorase completamente el tema que se está discutiendo (y todos los demás pareciesen comprenderlo), confesaría mi ignorancia a la primera oportunidad y les pediría que me lo explicasen.

0	1	2	3	4	5	6	7	8	9	10

2. Si me diese cuenta de que uno de mis mejores empleados estaba llegando tarde una o dos veces a la semana, llamaría a esa persona y le diría que me he dado cuenta.

0	1	2	3	4	5	6	7	8	9	10

3. Si mi jefe me diese una orden directa para hacer algo que pensara que era innecesario, le preguntaría por qué quiere que se haga.

0	1	2	3	4	5	6	7	8	9	10

4. Si uno de mis empleados me dijese «Bueno, ¡Tu no eres un directivo tan terrorífico!», le alentaría a que me hablase más de sus sentimientos.

0	1	2	3	4	5	6	7	8	9	10

5. Si una persona con la que trabajo regularmente hiciese varias cosas que realmente me disgustan, le hablaría a esa persona sobre mis sentimientos.

0	1	2	3	4	5	6	7	8	9	10

6. Si uno de mis compañeros pareciese estar evitándome por alguna razón, le preguntaría qué es lo que va mal.

0	1	2	3	4	5	6	7	8	9	10

7. Si estuviese conduciendo una entrevista de evaluación del rendimiento con un buen empleado y hubiese un par de pequeños puntos negativos que podía mencionar, se los diría aun cuando pudiese sentarle mal.

0	1	2	3	4	5	6	7	8	9	10

8. Si escuchase de una buena fuente que se me había desconsiderado para una promoción, le preguntaría a mi jefe sobre el rumor.

0	1	2	3	4	5	6	7	8	9	10

9. Si tuviese que asignar una tarea a un empleado y sospechase que no le agradaba, le preguntaría cómo se siente con la asignación.

0	1	2	3	4	5	6	7	8	9	10

10. Si me diese cuenta de que uno de mis empleados estaba más serio y silencioso de lo habitual en él, le preguntaría cuál es el problema.

0	1	2	3	4	5	6	7	8	9	10

11. Si tuviese conocimiento sobre un problema entre dos de mis mejores empleados, los llamaría y les diría como veo que sus problemas afectan al trabajo que están haciendo.

0	1	2	3	4	5	6	7	8	9	10

12. Si uno de mis empleados mencionase que se había dado cuenta de que parecía no gustar a alguien con el que trabajaba, le pediría que me contase más.

0	1	2	3	4	5	6	7	8	9	10

13. Si tuviese que asignar deprisa una tarea a última hora a un empleado y él me preguntase por qué lo había hecho de ese modo, yo le explicaría todo lo que supiese sobre el asunto.

0	1	2	3	4	5	6	7	8	9	10

14. Si yo recibiese una nota de régimen interior de mi jefe diciéndome que hiciese algo que yo creyese que era innecesario, le diría lo que pensaba de su decisión.

0	1	2	3	4	5	6	7	8	9	10

15. Si uno de mis empleados estuviese siendo considerado para un trabajo para el que yo creyera que no estaba capacitado, le mencionaría lo que creía al directivo responsable de cubrir el puesto.

0	1	2	3	4	5	6	7	8	9	10

16. Si uno de mis empleados estuviese abiertamente en desacuerdo conmigo en una reunión, le alentaría a contarme más detalles.

0	1	2	3	4	5	6	7	8	9	10

17. Si mi jefe me diese una asignación que yo creyese que estaba por debajo de mi capacidad, hablaría con él sobre eso.

| 0 | 1 | 2 | 3 | 4 | 5 | 6 | 7 | 8 | 9 | 10 |

18. Si uno de mis empleados se rebelase en asuntos pequeños, le preguntaría por qué.

| 0 | 1 | 2 | 3 | 4 | 5 | 6 | 7 | 8 | 9 | 10 |

19. Si tuviese una polémica acalorada con uno de mis empleados y sospechase que aún se sentía mal sobre ello, le preguntaría al empleado cómo se sentía.

| 0 | 1 | 2 | 3 | 4 | 5 | 6 | 7 | 8 | 9 | 10 |

20. Si tuviese problemas personales que pareciesen estar perturbando mi trabajo, buscaría a alguien para hablar sobre ellos.

| 0 | 1 | 2 | 3 | 4 | 5 | 6 | 7 | 8 | 9 | 10 |

A. Traslade las respuestas del cuestionario al espacio apropiado de abajo. (Cuidado, los números de las preguntas no están en orden).

	2	1 ....
	5	3 ....
	7	4 ....
	10	6 ....
	11	8 ....
	13	9 ....
	14	12 ....
	15	16 ....
	17	18 ....
	20	19 ....
SUMA	....	....
	Puntuación de dar	Puntuación de solicitar

B. Trace su ventana de Johari en el cuadro que sigue. Marque en la línea vertical del lado izquierdo (A) su puntuación total en «dar». Trace una línea horizontal hasta el lado vertical de la derecha.

C. Marque en la parte superior (B) su puntuación total en «solicitar». Trace una línea vertical hacia el lado inferior del cuadrado. Esto completa su ventana de Johari.

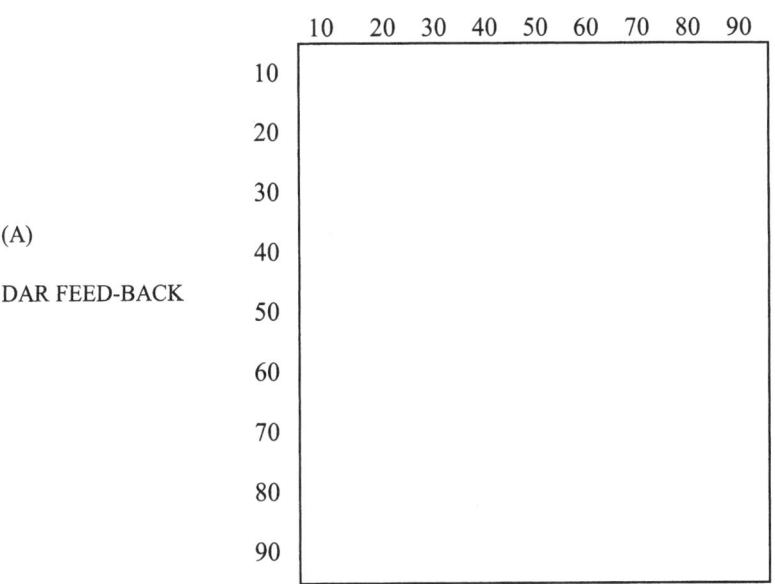

4. Análisis

Es un hecho comprobado que todos tenemos, en un grado mayor o menor, sentimientos de los que no somos conscientes. Cuando estos sentimientos entran en juego aparece una disparidad entre lo que estamos experimentando y lo que está presente en nuestra conciencia. Sin embargo estos sentimientos que estamos experimentando se «filtran» a través de nuestro tono de voz, de nuestra mirada y de nuestros gestos de tal modo que el oyente recibe un mensaje ambiguo. Explícitamente, le decimos, por ejemplo, que estamos de acuerdo con él, y a través de nuestros medios de comunicación no verbal le estamos expresando nuestro nerviosismo y nuestro rechazo.

Lo que acabamos de ver se explica mejor si consideramos que cuando comunicamos entra en juego toda nuestra personalidad.

La ventana de Johari es un modelo sencillo y gráfico que representa las modificaciones de la percepción de sí mismo y del otro en el transcurso de un proceso de grupo, dividiendo la conciencia de una persona en cuatro áreas: pública, ciega, oculta y desconocida, a lo largo de dos dimensiones: conocido / desconocido al yo, conocido / desconocido a los otros.

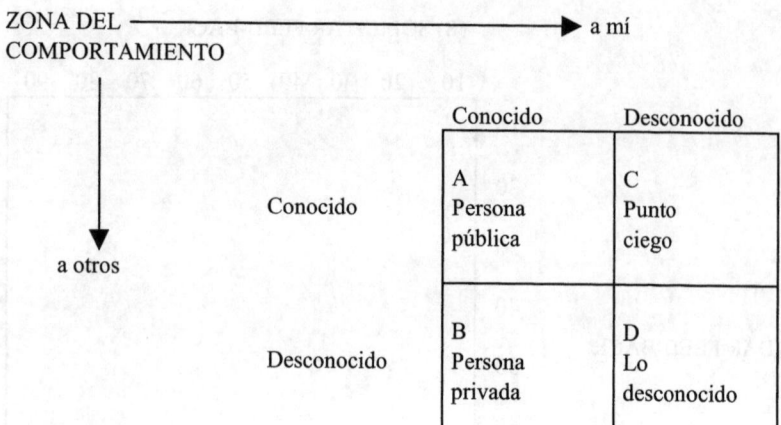

Persona pública

Es la zona de actividad libre, de las situaciones y hechos públicos, donde los comportamientos y motivaciones son tan conocidas para mí como perceptibles para otros.

Es la zona de máxima congruencia. En ella el sujeto es consciente de los sentimientos que experimenta y los manifiesta explícitamente en su mensaje verbal. La otra persona puede sentirse cómoda con el mensaje así formulado, ya que no percibe «sombras» en él.

Persona privada

Es la zona del comportamiento conocida y consciente para mí, pero que yo no he dado, o no quiero dar, a conocer a otros. Todo individuo tiene ideas, sentimientos, actitudes, conocidos por él, pero que oculta a los demás.

Aquí el sujeto se da cuenta de sus sentimientos, pero no los deja traslucir, oculta conscientemente algo a su interlocutor.

Punto ciego

Es el punto ciego de la percepción de sí mismo, es decir, la parte del comportamiento visible y reconocible para otros, y no consciente, en cambio, para uno mismo. A esta zona pertenece lo rechazado y las costumbres que ya no son conscientes.

Aquí existen sentimientos que son visibles a los demás (a través del tono de voz, la mirada, los gestos) pero que ignora el sujeto. La presencia de esta zona es la fuente principal de nuestros problemas de comunicación con los demás, ya que hace que el sujeto emita, además del mensaje explícito, un mensaje afectivo del que no es consciente, pero que su interlocutor sí recibe y responde a él.

Lo desconocido

Comprende procesos no conocidos ni para mí ni para otros.

Cuando la zona ciega del sujeto es muy amplia o, lo que es lo mismo, cuando el sujeto no acepta un extenso campo de sus sentimientos, su comunicación tenderá a ser ambigua. Estará transmitiendo dos mensajes diferentes e incongruentes, sin tener conocimiento de ello y, consiguientemente, sin poder introducir rectificaciones en su comunicación.

Lo que acabamos de ver nos permite concluir que la comunicación es algo más que un proceso idiomático. Es además un proceso interpersonal. Contemplada así la comunicación revela toda su rica y profunda complejidad.

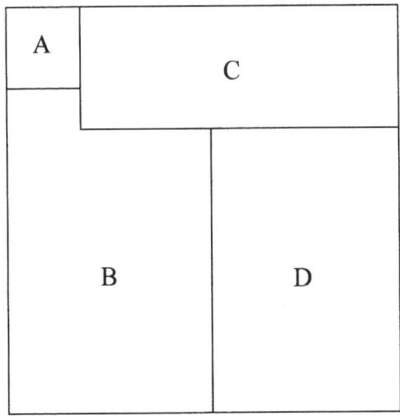

Este modelo representa la situación al comienzo de un grupo nuevo de tal manera que la zona de actividad libre del individuo es muy escasa, ya que no sabe qué piensan de él los demás y tampoco sabe hasta qué punto puede manifestar su propia persona en ese grupo.

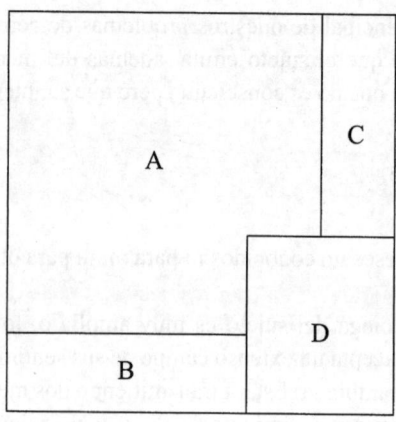

Con ayuda del proceso de feed back se puede reducir la persona privada (cuadrante B) y el punto ciego (cuadrante C), así como aumentar la persona pública (cuadrante A). Esto significa desplazar los límites de lo que es susceptible de elaboración, y, por tanto, ampliar la actividad libre del individuo. De esta manera se despejan los puntos ciegos

Solo podemos eliminar la zona del «punto ciego» cuando aprendamos no sólo a hablar de nosotros mismos sino también a conocer la opinión de los demás sobre nosotros. El feed-back o retroalimentación nos ayudará a aprender más, sobre la impresión que causamos a los demás.

Los métodos para aumentar el espacio libre son predominantemente:

- Dar informaciones sobre uno mismo y sobre lo hasta ahora privado.
- Proporcionar y recibir feed back.

Hasta que punto sea esto posible, se determina en gran parte por la disposición a aprender y la capacidad de aprendizaje del individuo en particular y del grupo en general.

Técnicas y procedimientos para aumentar el espacio libre:

- Aceptar la propia imagen del otro y tomarle en serio.
- Comunicar incluso cuando se hayan alcanzado los límites propios.
- Disposición a ampliar la autocomprensión, creciendo así la disposición a dar y recibir feed back.
- Disposición a oír sin prejuicios.
- Disminuir la resistencia a los cambios de comportamiento.

- Reflejar la nueva situación y experimentar nuevas actividades orientadas al futuro.

DINÁMICA 3: LA LEYENDA HINDÚ

1. Objetivo

- Resaltar la importancia de la información de retorno mediante el trato con los demás.
- Demostrar la necesidad de atender a cada una de las partes que forman un todo en los procesos comunicativos.

2. Instrucciones

- Distribución de los alumnos en pequeños grupos.
- Cada alumno dispondrá de una hoja de material (la leyenda hindú) que leerá y analizará.
- Cada grupo obtiene conclusiones de la leyenda.
- Exposición en el gran grupo de las conclusiones de cada subgrupo.

3. Material

Seis hombres ciegos trataban de averiguar por sí mismos a qué se parecía un elefante:

- El primero tocó la parte lateral, y se parecía a una pared.
- El segundo tocó un colmillo, y se parecía a una lanza.
- El tercero tocó la trompa, y se parecía a una serpiente.
- El cuarto tocó con sus brazos alrededor de una pierna, y se parecía a un árbol.
- El quinto tocó la cola y se parecía a un cuerda.
- Es sexto tocó la oreja, y se parecía a una abanico.

Aunque todos en parte tenían razón, cada uno pensaba que su opinión era la única correcta y que los demás estaban equivocados; por tanto ninguno intentó averiguar la verdad.

4. Análisis

Cuando alguien piensa o acepta que desde una perspectiva se puede llegar a una visión total o cuando una persona se centra sobre las partes y no sobre el todo, la atención se bloquea, pierde dinamismo, y tanto el desciframiento como el ciframiento de la información se simplifican, llegándose a situaciones absurdas.

Es necesario un cambio de perspectiva, dirigiendo la atención a aspectos distintos de la situación. Sacar diferentes tomas de una misma realidad, hasta que se tenga una visión de conjunto de la situación. Esto puede hacerse orientándose hacia el mundo de los demás, incluso sin intercambiar gestos ni palabras con ellos, por simple reflexión.

Es necesario atender a la información de retorno mediante el trato con los demás.

DINÁMICA 4: INTERCAMBIO DE SILUETAS

1. Objetivo

- Demostrar las diferencias existentes en las ideas que cada miembro del grupo se forma del resto de los miembros.
- Demostrar la importancia de las retroinformaciones y de interpretar correctamente las señales que emite nuestro interlocutor.

2. Instrucciones

- Cada miembro del grupo dibuja su propia silueta sin que los demás la vean. Esta silueta debe reflejar cómo se siente en ese momento, no se trata de una silueta bonita, sino sincera.
- Cada miembro del grupo escoge dos o tres compañeros del grupo y dibuja su silueta. Estas siluetas deben reflejar cómo es vista cada persona por el dibujante.
- Cada miembro del grupo muestra a los demás su propia silueta y aquellos otros que hayan dibujado la silueta de ese miembro la muestran y explican su punto de vista personal argumentando los motivos del mismo.

- Una vez que todos los miembros del grupo hayan mostrado su silueta se inicia una discusión general.

3. Análisis

Este ejercicio demuestra que la imagen que tenemos de nosotros mismos no coincide con la que los demás tienen de nosotros.

Las retroinformaciones que recibimos de los demás son imprescindibles para conocer cómo nos perciben. Igualmente es importante mandar información a los otros, y la imagen que tengan de nosotros dependerá en gran parte de cómo sea interpretada y aceptada esa información. Es necesario ser claros en las informaciones que enviemos a los demás y saber interpretar correctamente las informaciones que recibamos de nuestro interlocutor.

Otras conclusiones a las que podemos llegar con este ejercicio son las siguientes:

- ¿Quién de los miembros del grupo ha sido el más dibujado por los demás?
- ¿Quién de los miembros del grupo ha sido el menos dibujado por los demás?
- ¿A qué se debe esa selectividad entre los miembros del grupo?
- ¿Quién de los miembros del grupo ha sido dibujado de más diversas maneras y por qué?
- La manera con que uno traza la silueta del otro ¿expresa también algo sobre sus mutuas relaciones?

4. Otras aplicaciones

En el capítulo 7, dedicado a percepción, con el siguiente objetivo:

- Comprender los factores que influyen sobre nuestra percepción de otras personas.
- Comprender la manera en que las percepciones de otros, en particular las primeras impresiones, influyen sobre las relaciones interpersonales.

DINÁMICA 5: ELECCIÓN DE PROFESIÓN*

1. Objetivo

- Demostrar la diferencia existente entre la idea que tienen los miembros del grupo, unos de otros.
- Demostrar la importancia de la información de retorno y de interpretar correctamente las señales que emite nuestro interlocutor.

2. Instrucciones

- Dividir la clase en subgrupos de 6 personas como máximo.
- Cada miembro del grupo escoge sin comunicárselo a los demás la profesión para si mismo que cree más adecuada.
- Cada miembro del grupo escoge para cada uno de los otros miembros la profesión que cree que mejor se le adapta.
- El grupo en común asigna una profesión a cada miembro del grupo. Cada miembro puede discutir la profesión que se le asigna argumentando unas razones.
- Discusión en gran grupo sobre las diferencias en la elección de las profesiones.

3. Análisis

Este ejercicio demuestra que la imagen que tenemos de nosotros mismos no coincide con la que los demás tienen de nosotros.

Las retroinformaciones de los demás nos son imprescindibles si queremos conocer la situación precisa en que nos encontramos, pero también es importante que nosotros mandemos información a los otros y de cómo sea interpretada y aceptada esa información va a depender la imagen que los demás se formen de nosotros. Es necesario que seamos claros en las informaciones que demos a los demás y que sepamos interpretar correctamente las informaciones que recibamos de nuestro interlocutor.

---

* Esta dinámica es una variante del intercambio de siluetas.

Capítulo 5

APRENDIZAJE

INTRODUCCIÓN

El aprendizaje no sólo se refiere a la simple memorización precisa y deliberada de los hechos, sino que es algo mucho más complejo. Hay que tener en cuenta que la mayoría de las definiciones de aprendizaje incluyen los términos de cambio y experiencia. «Cambio» porque implica un cambio en la persona que aprende, que puede ser favorable o desfavorable, fortuito o deliberado. «Experiencia» porque ese cambio debe ser fruto de la experiencia, de la interacción de la persona que aprende con su medio. El aprendizaje por tanto será el cambio producido en una persona como resultado de una experiencia. (Woolfolk y Mc Cune, 1983).

El aprendizaje ha sido definido o entendido según varios enfoques o concepciones. La concepción conductista lo define como un cambio en la conducta observable de la persona. La concepción cognitiva como un proceso interno no observable, que sería un cambio en las capacidades de la persona. Las concepciones neoconductistas incorporan junto a la conducta observable hechos internos e inobservables (expectativas, creencias, pensamientos, etc.), un ejemplo de estas concepciones es la teoría del aprendizaje social de Bandura que distingue entre adquisición y realización, porque las personas no hacen todo lo que aprenden (Bandura 1977).

Teniendo en cuenta estas concepciones definimos de forma general el aprendizaje como el proceso de adquisición o cambio relativamente permanente en las capacidades de una persona. Como los cambios internos no se observan inferimos que ha habido aprendizaje observando la actuación de la persona en una situación determinada. Esta definición reconoce que el aprendizaje es algo que ocurre dentro de la persona (concepción cognitiva) pero no le resta importancia a la conducta como medio de observar que se ha producido aprendizaje (concepción conductista).

Si tomamos como referencia la concepción conductista, los cambios tendrán lugar básicamente a través de cuatro procesos de aprendizaje: contigüidad, condicionamiento clásico, condicionamiento operante y condicionamiento vicario.

El proceso de contigüidad se refiere a un aprendizaje a través de asociaciones simples. Si se presentan repetidamente dos sensaciones juntas llegan a asociarse. Más tarde si sólo se presenta una de las sensaciones se recuerda la otra. Así Erwin Guthrie, creía que «si uno hace algo en una determinada situación, la próxima vez que se encuentre en esa situación tenderá a hacer lo mismo de nuevo» (Hill, 1971).

El condicionamiento clásico fue desarrollado por Paulov y se basa en cierta medida en la contigüidad. Un estímulo neutro se presenta junto a otro estímulo capaz de provocar una respuesta emocional o fisiológica. Tras varias presentaciones de ambos estímulos en contingencia, el estímulo en principio neutro será capaz de provocar la respuesta emocional o fisiológica. Muchas reacciones emocionales a situaciones han sido aprendidas a través del condicionamiento clásico, por tanto este puede ser empleado para aprender más respuestas emocionales o modificar las existentes. A veces este aprendizaje emocional puede referirse al aprendizaje en situación de formación.

El condicionamiento operante fue desarrollado por Thorndike y Skinner. Thorndike (1913) formuló la importante «ley del efecto: cualquier acto que produzca un efecto satisfactorio en una determinada situación tenderá a ser repetido en esa situación». Por su parte Skinner (1977) afirmó que muchas conductas son acciones deliberadas realizadas por una persona o un animal. Llamó a estas conductas «operantes» y afirmó que se hallan afectadas y modificadas por las consecuencias que de ellas se derivan.

Así el condicionamiento operante supone la conducta situada entre dos series de influencias ambientales: las que la preceden (antecedentes) y las que la siguen (consecuentes). Esta relación puede representarse de la siguiente forma:

Antecedente ──────▶ Conducta ──────▶ Consecuencia

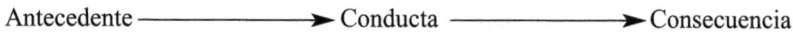

Si la conducta es influida por los antecedentes y las consecuencias de la misma, podrá ser modificada operando un cambio en sus antecedentes y/o consecuencias.

Las consecuencias de una conducta pueden ser agradables o desagradables para la persona en función de cómo las perciba. Si las consecuencias son agradables hablaremos del proceso de refuerzo que implicará un incremento en la conducta reforzada. Si las consecuencias son desagradables hablaremos del castigo que supondrá una disminución de la conducta castigada.

También podemos influir en una conducta a través de los antecedentes. Éstos proporcionan información sobre cuáles son las conductas apropiadas en una determinada situación, es decir, qué conductas llevarán a consecuencias positivas y cuáles a consecuencias negativas. Lo que está implicado es un tipo de antecedente-indicio, una indicación, que es el acto de proporcionar un estímulo antecedente justo antes de que tenga lugar una determinada conducta. Frecuentemente respondemos a estas indicaciones, sin darnos cuenta de que están influenciando nuestra conducta. Podremos utilizar deliberadamente estos indicios para modificar las conductas.

El último proceso de aprendizaje a tener en cuenta es el condicionamiento vicario que fue desarrollado por Bandura. Este proceso recibe también el nombre de modelado. Consiste en un aprendizaje mediante la observación de modelos, donde es otra la persona (modelo) la que realiza la acción y experimenta sus consecuencias, mientras el observador está aprendiendo a través de la experiencia del modelo. La observación constituye un proceso de aprendizaje eficaz, debido a que observando aprendemos cómo realizar algunas conductas, y qué nos sucederá en determinadas situaciones si llevamos a cabo esas conductas. Por ejemplo, es posible que uno disminuya la velocidad en una determinada calle porque ha visto que los guardias paran a muchos coches en ella.

Centrémonos ahora en la concepción cognitiva del aprendizaje. Para los cognitivos el aprendizaje es el resultado de nuestro intento de dar un sentido al mundo. Ponen énfasis en las diferencias individuales en el aprendizaje, de manera que tratamos de dotar de significado a los hechos que suceden en el mundo utilizando los instrumentos mentales que tenemos a nuestra disposición. Así, la manera en que reflexionamos, nuestras creencias, etc. influyen en el aprendizaje. Por ejemplo, dos alumnos pueden tener la experiencia de una misma clase pero aprender dos contenidos distintos, lo que cada alumno aprende depende de lo que ya conoce y de la forma en que trata la nueva información.

Los cognitivos consideran a las personas como seres activos, que inician experiencias, buscan información, resuelven problemas, etc. para lograr un nuevo aprendizaje.

Brandsford (1979) describe brevemente lo que interesa a los psicólogos cognitivos: «Cómo las personas aprenden, conocen y recuerdan la información y por qué algunas hacen ciertas cosas mejor que otras».

Los teóricos cognitivos, al igual que los conductistas, consideran la importancia del refuerzo, pero por razones diferentes. Para los conductistas el refuerzo fortalece las respuestas, para los cognitivos es una fuente de datos que proporciona información sobre lo que sucederá si se repite la respuesta, de esta forma se reduce la incertidumbre del que aprende que tendrá sensación de dominio y comprensión.

Según la teoría de campo desarrollada por la Gestalt el aprendizaje depende de lo que percibimos que a su vez depende de nuestros intereses, actitudes, experiencias previas, estructuras cognitivas, en otras palabras, de lo que ya sabemos. Es decir, el aprendizaje se halla influido y conformado por lo que ya sabemos y esto hace que dos personas pueden ver el mismo estímulo y apreciar cosas diferentes.

Los psicólogos gestaltistas creen que el aprendizaje puede tener lugar de repente, cuando una persona posee intuición sobre cómo resolver un determinado problema que no podía resolver empleando estrategias conocidas.

Bruner dedica su obra al aprendizaje por descubrimiento. Cree que los alumnos aprenden mejor a través de su propia implicación activa, ofreciéndoles preguntas y problemas o situaciones interesantes, estimulándoles para que hagan observaciones, formulen hipótesis y pongan a prueba sus soluciones. Así los alumnos aprenden cuando descubren la estructura del tema estudiado, es decir las ideas fundamentales con sus relaciones y esquemas. Esta estructura estará constituida por conceptos. Los conceptos son categorías empleadas para agrupar hechos, ideas u objetos semejantes. Al formar los conceptos podemos organizar en unidades significativas toda la información que poseemos, relacionando los conceptos entre sí. Pero los conceptos no se ven, son abstracciones, sólo podemos ver ejemplos individuales. De aquí que Bruner crea que el aprendizaje debe tener lugar inductivamente, desplazándose de ejemplos específicos presentados por el profesor a generalizaciones que son descubiertas por los alumnos (Bruner, 1977).

Ausubel piensa contrariamente a Bruner que el aprendizaje debe tener lugar a través de la recepción, no del descubrimiento. Cree que las personas aprenden mediante la organización de la nueva información, pero el aprendizaje debe progresar deductivamente, partiendo de la comprensión de los conceptos generales hasta llegar a la comprensión de los específicos. (Ausubel, 1963).

En el aula hemos de conocer cómo se realiza el aprendizaje de conceptos, el aprendizaje de reglas y el aprendizaje de solución de problemas.

Aprender conceptos significa aprender a clasificar situaciones y estímulos en términos de propiedades abstractas, o categorías. El docente, para presentar claramente los conceptos a los alumnos, debe tener claras cuatro propiedades de los mismos según Eggen, Kauchak y Harder (1979):

- Nombre (etiqueta verbal empleada para calificar el concepto, que no es lo mismo que el propio concepto).
- Definición (debe poseer dos elementos, la categoría más general que abarca el concepto y atributos definitorios del concepto).
- Ejemplos de conceptos.
- Atributos del concepto (rasgos relevante e irrelevantes del concepto).

El aprendizaje de conceptos puede realizarse según dos métodos: observando objetos concretos y comprendiendo luego el término abstracto (aprendizaje por descubrimiento de Bruner) o comprendiendo el término abstracto y observando luego objetos concretos (aprendizaje de recepción de Ausubel). Aprender reglas significa comprender el contenido de proposiciones abstractas. Aprender una regla supone:

- Comprender cada concepto aislado.
- Comprender el significado de toda la frase dado por la relación existente entre sus conceptos.
- Saber aplicar la regla a situaciones diversas.

La resolución de problemas según Gagne es definida como la adquisición de una meta yendo más allá de la simple aplicación de principios o reglas ya conocidos (Gagne, 1973). Si los alumnos aplican una regla ya utilizada en situaciones similares no tiene lugar verdaderamente la resolución de problemas. La resolución de problemas implica la combinación de reglas conocidas para construir una regla de orden superior, nueva y jamás utilizada anteriormente que entra a formar parte del repertorio de reglas de la persona y le facilita la solución de problemas semejantes al repetirse la situación. Los pasos a seguir para el aprendizaje de solución de problemas son los siguientes (Gagne y Briggs, 1976):

- Observar el problema en su totalidad.
- Analizar el problema y sus componentes.
- Tantear soluciones con reglas ya conocidas.
- Comprender el problema.
- Solucionar el problema mediante la adquisición de una regla de orden superior no conocida anteriormente.

Algunos obstáculos para la resolución de problemas son: la fijeza funcional o incapacidad de utilizar las cosas de manera nueva (Duncker, 1945), la rigidez en el curso de respuesta y la falta de un conocimiento y de un vocabulario adecuados y previos.

En formación es de vital importancia el tema del aprendizaje porque será necesario saber cómo aprenden nuestros alumnos y tener en cuenta que existen diferencias individuales en sus aprendizajes. Todas las teorías presentadas pueden tener implicaciones en el proceso formativo.

El condicionamiento clásico es importante en formación ya que hay alumnos que se muestran temerosos y angustiados ante situaciones como hablar en público, sufrir un examen, demostrar falta de rendimiento, etc. Estos alumnos han aprendido estos temores, tal vez porque en el pasado han tenido experiencias desagradables en alguna de estas situaciones. Mediante el condicionamiento clásico se puede hacer que aprendan otras respuestas a estas situaciones.

Igualmente el condicionamiento operante tiene implicaciones en formación. En el aula el docente puede hacer uso del refuerzo, reforzando las conductas positivas para que incrementen su frecuencia. El refuerzo social nos será muy útil, así la atención del docente y el elogio actúan como reforzadores. El docente simplemente demostrando que ha advertido alguna acción de un alumno puede estimular la repetición de esa conducta, debe elogiar y mostrar atención a las conductas positivas de sus alumnos e ignorar todas aquellas conductas negativas.

El condicionamiento vicario también puede utilizarse en el aula, asegurándose de que los alumnos se dan cuenta de que es atendida y elogiada la conducta positiva de sus compañeros. Si se trata de desarrollar nuevas conductas un modelo puede ayudar a los alumnos.

Las concepciones cognitivas del aprendizaje las aplicaremos en formación si tenemos en cuenta que el docente debe ayudar a los alumnos a concentrarse en detalles importantes, a recuperar el conocimiento anterior y a integrar la información nueva y la antigua.

Según el aprendizaje por descubrimiento un docente debe presentar a sus alumnos las ideas y relaciones importantes de una materia, ofreciendo así una estructura que permita a los alumnos generar nuevos conceptos y relaciones. El profesor también debe guiar a los alumnos hacia el descubrimiento proporcionando un material que los estimule a que busquen sus propias soluciones, realizando preguntas orientadoras y dando información adicional sobre la dirección de las actividades para que puedan revisar su enfoque.

Según el aprendizaje de recepción concluiremos que los profesores deben presentar materiales a los alumnos de una forma organizada en secuencias y en cierto modo acabada.

Este capítulo recoge ejercicios que ejemplifican y desarrollan algunos de los aspectos y conceptos a tener en cuenta en el proceso de aprendizaje, permitiendo así que el alumno trabaje de forma práctica y amena lo aprendido en el desarrollo del tema de aprendizaje.

El primer ejercicio «Inventario de estilos de aprendizaje» estudia o evalúa el método de aprendizaje de cada alumno, reflejando así cómo existen diferencias individuales en cuanto a la forma de aprender de cada persona, permitiendo que el alumno tome conciencia de esto y le sea útil en su futura labor docente.

«Refuerzo y motivación» es un ejercicio que pretende demostrar cómo influye el refuerzo en la ejecución de una tarea mejorando el rendimiento, a la vez que nos permite relajar la clase y descansar.

«El sistema de numeración worabura» y «El sistema de numeración odoboko» son dos ejercicios que ejemplifican cómo organizamos un material desconocido en una estructura significativa para aprenderlo, también pone de manifiesto las diferencias individuales en la forma en que se organiza ese material y cómo estas organizaciones afectan al modo en que se transmiten esos contenidos de aprendizaje.

«Solución de problemas 1» y «Solución de problemas 2» quieren demostrar los pasos o el procedimiento que seguimos las personas en la solución de problemas y destacar algunos de los más importantes obstáculos que nos encontramos cuando tenemos que solucionar un problema.

A estos ejercicios le siguen tres *Estudios de casos* que exigen para su resolución tanto la aplicación de técnicas basadas en el enfoque conductual del aprendizaje, como en el enfoque cognitivo. Así, en función del caso o de la solución que queramos buscarle, habremos de emplear técnicas de modificación de conducta basadas en el refuerzo o técnicas que pongan el énfasis en los procesos internos de la persona.

DINÁMICA 1: INVENTARIO DE ESTILOS DE APRENDIZAJE

1. Objetivo

- Evaluar el método de aprendizaje de cada persona.
- Describir cómo aprende cada persona, no evaluar su capacidad de aprendizaje.

2. Instrucciones

- Trabajo individual: cada alumno rellena el inventario de aprendizaje.
- Trabajo en grupo: se comentan e interpretan los resultados del inventario en gran grupo.

3. Material

Al completar el inventario, adjudique un rango elevado a aquellas palabras que mejor caractericen su manera de aprender, y uno bajo a las que menos las caractericen.

Es posible que encuentre difícil elegir las palabras que mejor describen su estilo de aprendizaje porque no hay respuestas correctas o incorrectas. Las distintas características que figuran en el inventario son igualmente buenas.

Instrucciones:

Abajo hay nueve conjuntos de cuatro palabras. Ordene cada conjunto, asignando un 4 a la palabra que mejor caracteriza su estilo de aprendizaje, un 3 a la palabra que le sigue en orden de acierto, un 2 a la siguiente, y un 1 a la menos característica. Ponga especial cuidado en asignar un número distinto a cada una de las palabras del conjunto.

1	Discriminador		Tentativo		Comprometido		Práctico
2	Receptivo		Pertinente		Analítico		Imparcial
3	Sensitivo		Observador		Juicioso		Emprendedor
4	Receptivo		Arriesgado		Evaluativo		Consciente
5	Intuitivo		Productivo		Lógico		Interrogativo
6	Abstracto		Observador		Concreto		Activo
7	Orientado al presente		Reflexivo		Orientado al futuro		Pragmático
8	Experiencia		Observación		Conceptualización		Experimentación
9	Apasionado		Reservado		Racional		Responsable

Solamente para la puntuación:

EC............	OR............	CA............	EA............
2, 3, 4, 5, 7, 8	1, 3, 6, 7, 8, 9	2, 3, 4, 5, 8, 9	1, 3, 6, 7, 8, 9

Cómo determinar la puntuación del inventario de estilos de aprendizaje.

Para obtener la puntuación de cada una de las columnas (EC, OR, CA, EA), sume la puntuación de cada una de las palabras correspondientes a las filas cuyo número aparece debajo de la línea de puntos. Así obtendrá la puntuación correspondiente a cada uno de los cuatro términos que mide el inventario.

Experiencia concreta (EC).
Observación reflexiva (OR).
Conceptualización abstracta (CA).
Experimentación activa (EA).

Por ejemplo, sume para el caso EC los rangos de las palabras de la primera columna, correspondientes a las líneas 2, 3, 4, 5, 7 y 8, para el caso OR, los rangos de las palabras de la segunda columna correspondientes a las líneas 1, 3, 6, 7, 8 y 9. Haga lo mismo en el caso de CA y de EA.

Traslade las cuatro puntuaciones directas al perfil de estilos de aprendizaje que aparece a continuación, señalándolas en el lugar correspondiente de cada uno de los cuatro términos.

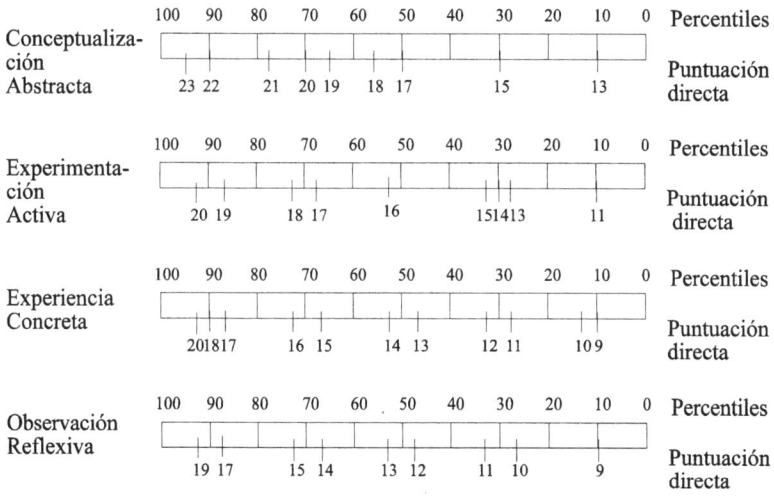

4. Análisis

Estos cuatro perfiles representan las puntuaciones en percentiles sobre la base de las respuestas combinadas de 639 sujetos. Por ejemplo: una puntuación directa de 21 en conceptualización abstracta significa que obtuvo aquí más puntuación que el 80% de la población que hizo la prueba; mientras que una puntuación de 24 indicaría que obtuvo más puntos que cualquiera de la población sobre la que se basan estas normas.

DINÁMICA 2: REFUERZO Y MOTIVACIÓN

1. Objetivo

Comprobar cómo influye el refuerzo y la motivación en el aprendizaje.

2. Instrucciones

Dos alumnos voluntarios deben salir del aula. Se divide al resto de los alumnos en dos subgrupos, cada uno de ellos recibe diferentes instrucciones.

Grupo 1: tiene que animar cuanto pueda al primer voluntario que entre al aula y se tiene que mostrar neutro y observar la actitud del segundo.

Grupo 2: tiene que ser neutro y observar al primer voluntario y desanimar todo lo que pueda al segundo.

Una vez dadas las instrucciones, se pide al primer voluntario que entre en el aula y se le dan las siguientes indicaciones: Tiene que tirar e intentar introducir diez monedas, en un círculo, pintado en una cartulina y situado en el suelo (a una distancia de unos cuatro o cinco pasos). Mientras cada subgrupo sigue las instrucciones correspondientes.

Se repite lo mismo con el segundo alumno.

El material necesario serán diez monedas y una cartulina con un círculo pintado.

3. Análisis

Se analiza entre todos lo que ha ocurrido en el ejercicio, haciendo hincapié en cómo ha influido el refuerzo en el rendimiento de los alumnos, de tal forma que es esperable que aquel alumno que ha sido reforzado, es decir, animado por sus compañeros, consiga mejores resultados (introduzca más monedas en el círculo) que aquel otro que por el contrario no ha sido animado.

DINÁMICA 3: EL SISTEMA DE NUMERACIÓN WORABURA

1. Objetivo

- Analizar las diferentes formas en que organizamos la información.
- Analizar las diferentes formas en que puede transmitirse la información según los diferentes tipos de formadores.

2. Instrucciones

- Distribuir la clase en dos o tres grupos.
- Elegir un miembro de cada grupo, que explicará el sistema de numeración al resto del grupo.
- Entregar la hoja de material a la persona seleccionada de cada grupo.
- Realización del ejercicio y puesta en común de las soluciones halladas.
- Discusión en gran grupo sobre los modos de organización del material.

3. Material

Su jefe le acaba de pedir que enseñe a una docena de compañeros el sistema de numeración worabura, que su empresa está utilizando para poner números de código en algunos impresos utilizados para recoger datos que no han de ser legibles para los clientes ni demás personas ajenas a la empresa.

Como está más ocupado que de costumbre esta mañana, su jefe confía en usted y le entrega la ficha que reproducimos a continuación, explicándole: «He hecho la lista de los 15 primeros números del sistema worabura. Estoy seguro de que no tendrá usted dificultad en deducir cuál es el fundamento del sistema ni en enseñarlo a los demás. Nunca emplearemos números mayores de 50, pero espero que los hombres puedan convertir cualquier número arábigo de 1 a 50 en su equivalente worabura. Y, naturalmente, deberán poder averiguar el valor de cualquier número worabura».

Y con esta breve instrucción, su jefe desapareció. Su trabajo, por consiguiente, es estudiar la ficha y pensar cómo enseñará usted el sistema a sus compañeros. Ha decidido usted que en vez de enseñar a todos al mismo tiempo, escogerá usted una persona y le enseñará, para ver qué tal resulta la instrucción y poder hacer cualquier mejora en su método de enseñanza antes de instruir a los demás.

Dispone de cinco minutos para estudiar el sistema de numeración worabura y decidir cómo lo va a enseñar.

1= | 6= ⊥   11= ⊥̄

2= || 7= ⊥⊥   12= ⊥̄⊥̄

3= ||| 8= ⊥⊥⊥   13= ⊥̄⊥̄⊥̄

4= T   9= T̄   14= T̿

5= —   10= =   15= ≡

4. Solución

Primera organización.

- Se trabaja con el 1, 2, 3 y 5.
- Se trabaja con sumas de 5 en 5 (barrotes horizontales).
- Un 1 (I) arriba suma (se permiten hasta 3).
- Un 1 (I) por abajo resta (solo se permite 1).

Segunda organización.

- Se trabaja con el 1, 2, 3, 4 y 5.
- Se divide cada número entre 5 y se ponen los 5 (barras horizontales) que correspondan, dejando siempre un resto cuando lo hay.
- El resto de las unidades se suman con el símbolo del número correspondiente: si es un 4 se pone debajo y el 1, 2 y 3 arriba.

16= ⊥̄   21= ⊥̿

17= ⊥̄⊥̄   22= ⊥̿⊥̿

18= ⊥̄⊥̄⊥̄   23= ⊥̿⊥̿⊥̿

19= ⊥̿   24= T̿̄

20= ≡   25= ≡̄

106

5. Análisis

Analizar cómo una misma información puede organizarse de diferentes formas según el estilo de aprendizaje de cada participante, y cómo esto influye en la eficacia de la enseñanza. Debemos buscar las organizaciones más simples de la información.
También influirá en la consecución del objetivo el estilo en el que se transmite la información.

DINÁMICA 4: EL SISTEMA DE NUMERACIÓN ODOBOKO

1. Objetivo

Comprobar con qué eficacia se puede organizar un material con el que no se está familiarizado, de una manera lógica y significativa, y enseñarlo a otra persona.

2. Instrucciones
- Distribuir la clase en dos o tres grupos.
- Elegir un miembro de cada grupo, que explicará el sistema de numeración al resto del grupo.
- Entregar la hoja de material a la persona seleccionada de cada grupo.
- Realización del ejercicio y puesta en común de las soluciones halladas.
- Discusión en gran grupo sobre los modos de organización del material.

3. Material

Su jefe acaba de darle una ficha (aparece a continuación), que explica el sistema de numeración Odoboko, un sistema que asigna un símbolo específico a cada uno de los números del 1 al 9. Tiene usted que enseñar este sistema a unos 15 empleados compañeros suyos, ya que su empresa quiere utilizarlo como código para ciertos datos de facturación que no deben poder leer los clientes u otras personas ajenas a la organización.

Su trabajo es estudiar la ficha y pensar como enseñará usted el sistema a otras personas. Ha decidido usted que en vez de enseñar a los 15 compañeros de una vez, escogerá primero a uno de ellos para enseñarle y ver qué resultado da la instrucción.

Sus habilidades, tanto de organizador como de instructor, se medirán comprobando si el adiestrado recuerda y es capaz de convertir un número arábigo de 1 a 50 en su equivalente en sistema Odoboko. Y, naturalmente en su capacidad de averiguar el valor de cualquier número escrito en sistema Odoboko. Sin embargo antes de tratar de enseñar a su compañero, dispone de cinco minutos para analizar el sistema y decidir cómo va a enseñarlo.

1= ⌋   4= ⌊⌋   7= ⌊

2= ⌉⌋   5= ☐   8= ⌊

3= ⌉   6= ⌈⌉   9= ⌈

4. Solución

Partiendo de la grafía de estos nueve números hay que ir escribiendo los demás de tal manera que el diez sería dos veces el cinco, el once sería el diez más el uno, el doce sería el diez más el dos y así sucesivamente.

10= ☐ ☐   11= ☐ ☐ ⌊   12= ☐ ☐ ⌉

13= ☐ ☐ ⌈   14= ☐ ☐ ⌊⌋   15= ☐ ☐ ☐

16= ☐ ☐ ⌈⌉   17= ☐ ☐ ⌊   18= ☐ ☐ ⌊

5. Análisis

Reflexionar sobre como organizamos el material desconocido para formar una estructura que nos permita el aprendizaje.

DINÁMICA 5: SOLUCIÓN DE PROBLEMAS 1

1. Objetivo

- Analizar los pasos que se siguen en la solución de problemas.
- Analizar y tomar conciencia de algunos obstáculos que podemos encontrar en la solución de problemas.

2. Instrucciones

- Se entrega a cada alumno el problema.
- Se pide que cada alumno solucione individualmente el problema, cuentan para ello con 10 minutos aproximadamente.
- Se comentan las soluciones de cada alumno en el gran grupo y se analizan los obstáculos que han dificultado la solución de este problema.

3. Material

Una persona entra en una habitación. Del techo cuelgan dos cuerdas y se le pide que ate los dos cabos. En una mesa cercana hay algunas herramientas entre las que figuran un martillo y unas tenazas. La persona toma el extremo de una de las cuerdas y se aproxima al de la otra para intentar atarlo, pero se da cuenta de que no llega a alcanzar este segundo extremo. Trata entonces de incrementar su alcance empleando las tenazas, pero aún así no llega. ¿Qué puede hacer?

4. Solución

Si se ata el martillo o las tenazas a uno de los cabos y se impulsa para que oscile como un péndulo, será posible agarrarlo cuando uno se halla al otro extremo de la habitación sujetando el otro cabo. Así se podrá emplear el peso de la herramienta para lograr el acercamiento de la cuerda en vez de tratar de estirarse para alcanzar el cabo.

5. Análisis

Este problema puede ser resuelto mediante el empleo de un objeto de una forma no convencional. La razón por la que frecuentemente fallan las personas en la resolución de este tipo de problemas es porque resulta difícil utilizar las cosas de formas no convencionales. Esta incapacidad de utilizar las cosas de manera nueva recibe el nombre de «fijeza funcional» (Duncker, 1945). Tratar de utilizar las tenazas para coger el otro cabo es un ejemplo de fijación de la atención en la función habitual de las tenazas. Con frecuencia, la resolución de problemas requiere ver las cosas de manera nueva, con una perspectiva distinta.

DINÁMICA 6: SOLUCIÓN DE PROBLEMAS 2

1. Objetivo

- Analizar los pasos que se siguen en la solución de problemas.
- Analizar y tomar conciencia de algunos obstáculos que podemos encontrar en la solución de problemas.

2. Instrucciones

- Se entrega a cada alumno el problema.
- Se pide que cada alumno solucione individualmente el problema, cuentan para ello con 10 minutos aproximadamente.
- Se comentan las soluciones de cada alumno en el gran grupo y se analizan los obstáculos que han dificultado la solución de este problema.

3. Material

En cada uno de los cuatro ejemplos siguientes, desplazar solamente una cerilla y modificar la ecuación para que constituya una verdadera igualdad.

$$V = VII \quad VI = XI \quad XII = VII \quad VII = I$$

4. Solución

El primer ejemplo se resolvió con rapidez desplazando la cerilla del extremo de la derecha hacia la izquierda de forma que apareciera VI = VI. Los ejemplos dos y tres pueden ser también resueltos sin demasiada dificultad convirtiendo la V en X o viceversa. El cuarto ejemplo supone un obstáculo, su solución es:

$$\sqrt{I} = I$$

5. Análisis

En el cuarto ejemplo un obstáculo para la resolución del problema es la rigidez denominada curso de respuesta. Para resolver este tipo de problema hay que cambiar de curso. Lo que antes resultó bien ahora no servirá, hay que efectuar un gran cambio de curso pasando de los números romanos a los arábigos y creando un símbolo matemático con el desplazamiento de una cerilla. La respuesta radica en el empleo simultáneo de un número arábigo y la raíz cuadrada.

Otro obstáculo para la resolución de este tipo de problemas es el que representa la falta de conocimiento y de un vocabulario adecuado previos. En este ejemplo sería necesario comprender los números romanos y arábigos, así como el concepto de raíz cuadrada, y saber que la raíz cuadrada de uno es igual a uno. Sin el necesario conocimiento del vocabulario, los conceptos, los hechos y las reglas, se carecería de los elementos precisos para crear reglas de orden superior para resolver los problemas.

DINÁMICA 7: ESTUDIO DE UN CASO
UNA ALUMNA QUE SIEMPRE LLEGA TARDE*

1. Objetivo

Aplicar para la resolución de este caso las técnicas de modificación de conducta y la utilización del refuerzo.

2. Instrucciones

Los alumnos distribuidos en grupos de 4 o 5 miembros resolverán el caso, exponiendo después sus conclusiones al resto de la clase.

3. Material

Imaginemos que una de las alumnas casi siempre llega tarde a clase. Por lo general dispone de una buena excusa que suele estar relacionada con algunas de las numerosas actividades estraescolares de las que forma parte. Para el profesor, aunque le molesta que se haya perdido el comienzo de la clase, lo peor es su entrada. Inevitablemente consigue distraer la atención general, bien montando un verdadero show cuando aparece en la puerta o parándose unos momentos a hablar con algún alumno.

¿Qué se puede hacer para acabar con tales interrupciones. ¿Qué haría, si es posible hacer algo, para que fuese puntual?

* Tomado de Woolfolk, A.E.; McCune, L. (1989). Psicología de la educación para profesores. Madrid: Narcea.

4. Solución

Los diferentes grupos deben plantearse un análisis de la situación en el que se tratarían los siguientes puntos:

- ¿Por qué ocurre tal conducta?
- ¿Qué es lo que elicita esta conducta?
- ¿Qué o cuáles son sus consecuencias?

Una vez establecido los antecedentes y consecuencias de la conducta perturbadora, plantear estrategias de intervención. Por ejemplo:

- Eliminación de conducta: Cerrar la puerta después de una espera razonable.
- Refuerzo positivo: Utilizarlo el día que no llega tarde y no perturba la clase, diciéndole lo adecuado de su conducta, ese día.
- Supresión de atención: Ignorar completamente la conducta perturbadora.
- Contratos: Hablar en privado con ella y establecer acuerdos.
- etc.

DINÁMICA 8: ESTUDIO DE UN CASO.
UN CASO GRAVE DE ANSIEDAD ANTE LOS EXÁMENES*

1. Objetivo

Aplicar para la resolución de este caso las técnicas de modificación de conducta y la utilización del refuerzo.

2. Instrucciones

Los alumnos distribuidos en grupos de 4 o 5 miembros resolverán el caso, exponiendo después sus conclusiones al resto de la clase.

3. Material

Imaginemos que uno de los alumnos tiene una gran ansiedad en los exámenes. Aunque es muy bueno en clase y entrega excelentes trabajos realiza-

* Tomado de Woolfolk, A.E.; McCune, L. (1989). *Psicología de la educación para profesores*. Madrid: Narcea.

dos en casa, parece presa del pánico cada vez que tiene que realizar un examen escrito. En esos días entra en clase con la cara angustiada. Mientras escribe se muerde constantemente las uñas. Los papeles del examen están siempre llenos de tachaduras y las respuestas a las preguntas aparecen completamente revueltas. Los resultados no son desastrosos pero el profesor tiene la seguridad de que ese chico lo haría mejor si no se mostrara tan preocupado.

¿Qué es lo que haría para ayudar a ese chico a superar su ansiedad?

4. Solución

Cada grupo expondrá su solución de acuerdo con la materia explicada en clase, a modo de ejemplo podemos sugerir lo siguiente:

1. Entrevista individual con el alumno y establecer un análisis del problema: por qué ocurre, desde cuándo, con qué materias, delante de quién, con qué tipo de exámenes...

2. Dependiendo de los resultados del análisis anterior, poner todos los medios para disminuir o eliminar la ansiedad, por ejemplo: cambiar los tipos de exámenes, hacer exámenes grupales, dar menor importancia a las calificaciones como resultado de un examen, reforzar conductas de aproximación, desensibilizar haciendo ensayos de exámenes, etc.

DINÁMICA 9: ESTUDIO DE UN CASO.
LA ESTAMPIDA*

1. Objetivo

Aplicar para la resolución de este caso las técnicas de modificación de conducta, y la utilización del refuerzo.

2. Instrucciones

Los alumnos distribuidos en grupos de 4 o 5 miembros resolverán el caso, exponiendo después sus conclusiones al resto de la clase.

* Tomado de Woolfolk, A.E.; McCune, L. (1989). *Psicología de la educación para profesores*. Madrid: Narcea.

3. Material

Imaginemos que por alguna razón los alumnos se niegan a ponerse en fila para salir de una manera ordenada. Los empujones son corrientes y por lo menos una vez por semana estalla una pelea por culpa de esto. Aunque se les recuerda cada día cuál debe ser la conducta apropiada y se les regaña, el problema subsiste. Hace una semana una chica se dislocó una muñeca en la perturbación y se teme que la próxima vez las consecuencias sean una fractura de brazo o de pierna.

¿Qué se podría hacer para resolver este problema de disciplina cada vez más peligroso?

4. Solución

Cada grupo expondría su solución de acuerdo a lo explicado en clase, se trataría de establecer un sistema de modificación de la conducta, realizando primeramente un análisis de la situación, identificando los antecedentes (¿qué sucede justamente antes de que se produzca la estampida?, ¿quiénes parecen ser los más perturbadores?), y luego las consecuencias (¿cómo reacciono yo cuando se ponen en fila?). Una vez definido este esquema, se establecerían las líneas de intervención, por ejemplo, reforzar positivamente conductas adecuadas, eliminar las conductas problema (los alumnos más perturbadores saldrán 5 minutos después), establecer un sistemas de economía de fichas, etc.

Para conseguir el control de esta mala situación pueden servir de ejemplo cualquiera de los siguientes métodos o el conjunto de estos:

Abandonar la formación en filas y hacer que la clase saliera por parejas, permitiendo que el alumno en quien más se pudiera confiar saliera primero con un compañero. El profesor aguardará para acompañar a los últimos alumnos que serán los más revoltosos.

Emparejar a los perturbadores con compañeros más responsables.

Si la perturbación se inicia con discusiones sobre quien pasa el primero, introducir una nueva formación en fila: primero los que llevan camisas azules, después las chicas que llevan cinta en el pelo... El criterio para la formación de la fila puede modificarse cada día.

Establecer un elemento de orgullo para el grupo con este reto: somos la clase más silenciosa. ¡Nadie nos oye salir! Generar toda una reputación como la clase que mejor se pone en fila en toda la escuela. Premiar este esfuerzo con una actividad atractiva, golosinas o elogios.

Capítulo 6

ACTITUDES

INTRODUCCIÓN

La actitud de una persona es un factor importante para determinar la forma en que experimentará un estímulo - situación. Por tanto el conocimiento de las actitudes lleva a una mayor comprensión de las reacciones de las personas. Secord y Backman (1964) definen la actitud como «ciertas regularidades de los sentimientos, pensamientos y predisposiciones de un individuo a actuar hacia algún aspecto del entorno». Krech, Crutchfield y Ballachey (1962) la definen como «sistemas duraderos de evaluaciones positivas o negativas, sentimientos emocionales y tendencias a la acción favorable o contraria respecto de unos objetos sociales». Por su parte Allport la definió así «estado mental y nervioso de disposición adquirida a través de la experiencia, que ejerce una influencia directiva o dinámica sobre las respuestas del individuo, ante los objetos y situaciones con las que se relaciona».

Analizando estas definiciones encontramos que una actitud tiene tres elementos: elemento cognitivo, que son la ideas que cada persona tiene sobre las cosas, lo que sabemos de cada cosa. Elemento afectivo, referido a las valoraciones que hacemos sobre algo, un objeto, un hecho, etc. en términos de me atrae o no me atrae. Elemento conductual o comportamental, que hace referencia a la predisposición a actuar sobre los objetos o hechos.

Las actitudes actúan como marcos de referencia y como tales nos hacen ver las cosas de determinada forma. Un ejemplo claro lo podemos ver en los siguientes diagramas (Maier, 1975):

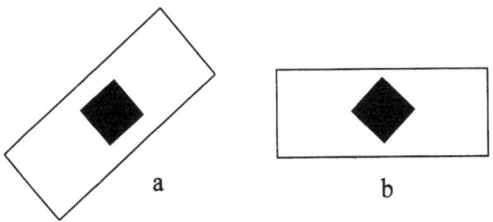

La interpretación de la figura interior depende de la exterior, en «a» y «b» la figura interior es la misma pero en una parece un rombo y en otra un cuadrado.

Las actitudes por tanto influyen sobre las opiniones expresadas, que podríamos definir como los conceptos o pareceres que formamos o expresamos sobre algo cuestionable.

Las actitudes las clasificamos como favorables o desfavorables, así tenemos actitudes favorables o desfavorables hacia las razas, los sexos, las religiones, los partidos políticos, etc., por tanto las actitudes son más generales mientras que las opiniones son más específicas, ya que se refieren a una interpretación de algún acontecimiento concreto.

Las opiniones son interpretaciones de lo que vemos, y están influidas tanto por lo que ha ocurrido (los hechos) como por la actitud del observador.

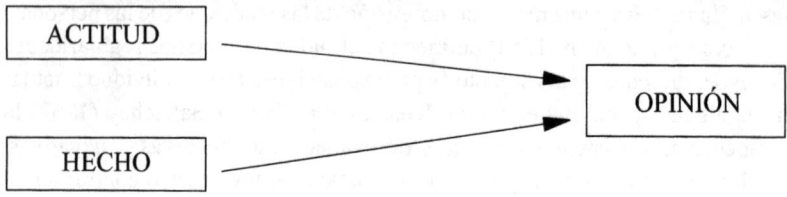

Las actitudes se forman según un largo proceso en el que se pueden diferenciar varios tipos de circunstancias influyentes:

- Repetición de experiencias semejantes: al repetirse experiencias que tienen algo en común se refuerza la actitud o predisposición hacia esas experiencias, sobre todo si las consecuencias que siguen a la actitud son favorables.
- Vivencias muy intensas: cuando se tienen vivencias o emociones muy intensas, éstas nos influyen decisivamente haciendo aparecer predisposiciones o actitudes nuevas hacia esas vivencias o hechos.
- Esquemas sociales: la forma que tienen los grupos sociales de juzgar o las actitudes de los grupos sociales a los que se pertenece influyen en la persona, que adopta esas actitudes y formas de juzgar como suyas.
- El carácter de la persona: según la personalidad de cada uno nos veremos más impulsados a tomar una actitud u otra.
- La familia: actúa de forma decisiva a la hora de formar el niño su carácter y de adoptar sus puntos de vista del mundo y los hechos.
- Las aptitudes: nos facilitan ciertas tareas y nos dificultan otras, esto hace que las juzguemos como fáciles o difíciles y adoptemos actitudes positivas o negativas frente a esas tareas.

En resumen, cada una de las vivencias del individuo, bien personales o bien recibidas de otras personas, en interacción con la sociedad a la que pertenece, contribuyen a formar las actitudes. Toda la vida pasada conforma nuestra actitud presente, es decir, la experiencia es decisiva para formar las actitudes.

La actitud determina nuestro conocimiento, nuestra aceptación de la realidad, nuestra manera de obrar con los demás.

Para modificar o cambiar las actitudes hay que tener en cuenta qué función cumple cada actitud, pues la estrategia más correcta será determinaréque función desempeña cada una y actuar sobre sus componentes.

En resumen, una actitud se puede cambiar mediante nueva información, mediante experiencias agradables o desagradables que influyan en la afectividad o mediante nuevas orientaciones en la conducta.

Hay algunas técnicas o medios que pueden servir para flexibilizar las actitudes.

El diálogo es el primer medio, pero ha de respetar tres requisitos: igualdad de condiciones al dialogar no tratando de imponer nuestra opinión, igualdad de posiciones de tal forma que nuestro interlocutor no debe ser visto como una amenaza para nuestra seguridad, y por último partir de criterios comunes, es decir partir de condiciones y reglas para el diálogo en las que estén de acuerdo emisor y receptor.

Otro medio para flexibilizar las actitudes sería la reflexión desapasionada sobre los actos de cada uno, intentando analizar el porque de determinadas actitudes o convicciones.

El siguiente medio a tener en cuenta es la discusión en grupo. Este método puede ser útil para flexibilizar las actitudes ya que al someter a crítica nuestras propias actitudes y escuchar e intentar comprender puntos de vista de los demás solemos cuestionarnos nuestras actitudes fundamentándolas en argumentos y no en meros sentimientos.

Por otra parte, como las actitudes se modifican a través de la comunicación, el emisor ha de poseer una serie de cualidades:

- Competencia, es decir que conozca el contenido de la comunicación y sea reconocido ese conocimiento.
- Fiabilidad, hace referencia a la confianza que produce en sus interlocutores.

El mensaje también debe tener las siguientes características:

- Que atraiga la atención: siempre hemos de presentar los aspectos agradables primero y luego los desagradables.

- Enfoque gradual: no exponer primero los puntos que pueden resultar más discrepantes para nuestro interlocutor, sino que para evitar que adopte actitudes de rechazo, ordenar nuestro mensaje de forma gradual exponiendo primero los hechos o situaciones que más fácilmente sean aceptados.

Es importante saber que las actitudes no son directamente observables, sino que las inferimos de la conducta de los sujetos. En educación estas inferencias influyen en la motivación puesto que proporcionan explicaciones de por que algunos alumnos evitan y otros abordan determinadas tareas. Si aprendemos el modo de desarrollar actitudes positivas en los alumnos podremos incrementar la conducta de acercamiento hacia las tareas y contenidos de la formación.

Las actitudes influyen en el aprendizaje y lo hacen básicamente de tres formas:

- A través de la percepción: las percepciones están condicionadas por las actitudes por lo que se puede condicionar el aprendizaje, por tanto hay que evitar la ambigüedad en los estímulos que se presenten y tener en cuenta que el alumno puede tener representaciones de las cosas debidas a su experiencia anterior.
- A través del grupo de formación: según las actitudes que existen en el grupo, éste aprueba o rechaza a personas, opiniones, criterios, normas, etc.; el formador, por tanto, ha de conseguir que el grupo acepte tanto los conocimientos que transmite como a él mismo.
- A través de las necesidades experimentadas: el sujeto crea actitudes favorables hacia los objetos y personas que satisfacen sus impulsos y necesidades.

En formación de formadores es de vital importancia que el alumno conozca las actitudes y sepa el papel importante que cumplen al influir en las opiniones y las conductas, de tal manera que habrá que desarrollar en los alumnos actitudes positivas hacia el docente, la situación de formación, el grupo, los contenidos de la formación, etc., ya que todas estas actitudes van a influir directamente en los aprendizajes de los alumnos facilitando o dificultando aprendizajes rápidos y duraderos.

En este capítulo se describen ejercicios que servirán de ayuda al docente para desarrollar de forma eficaz y amena el tema correspondiente a las actitudes. Los ejercicios «Caso Elle» y «El aborto» pretenden mostrar en qué consisten las actitudes y cómo influyen en nuestra conducta, fomentando la discusión entre los alumnos sobre un tema propuesto. Estos ejercicios pueden servir de introducción al tema de actitudes, acercando a los alumnos al conocimiento de las actitudes antes de haber reflexionado sobre ello, o bien pueden servir como punto final al tema demostrando mediante los ejercicios prácticos todo lo aprendido. «Tipologías de alumnos» y «Guía para tratar a cada participante según su personalidad» son dos ejercicios que hacen al alumno reflexionar sobre cómo influyen las actitudes de cada participante en el comportamiento que desarrolla en clase y sobre cómo ese comportamiento influye decisivamente en el ritmo de la clase y en la consecución de los objetivos de aprendizaje. Pretenden que el alumno desarrolle formas de respuesta para cada tipo de participante aprovechando sus puntos positivos y contrarrestando los negativos, desarrollando así un clima en el aula que facilite el aprendizaje y el rendimiento de los alumnos.

DINÁMICA 1: CASO ELLE

1. Objetivo

Este trabajo pretende mostrar en qué consisten las actitudes y su influencia sobre la conducta.

2. Instrucciones

- Repartir el material con la descripción del caso y pedir respuesta individual preparando en la pizarra un cuadro para recoger los resultados.

	INOCENTE	CULPABLE
ESPOSA		
MARIDO		
AMANTE		
AMIGO		

- Leer el caso en voz alta y pedir la respuesta de cada alumno, anotando en el cuadro preparado en la pizarra los resultados.
- Formar grupos con criterios iguales y en 5 minutos que preparen argumentos para defender su punto de vista, nombrando un delegado para que los exponga, y recogiendo estos argumentos para aportarlos al gran grupo.
- Enfrentar a los grupos con opiniones opuestas o diferentes: informando a los alumnos de que lo que se pretende es buscar una uniformidad de criterios, es decir, que cada grupo convenza al resto de que su elección es la correcta, y para ello deben aportar todos los argumentos posibles.
- Observar el estilo de participación de cada miembro (susceptibilidad, irritabilidad, agresividad, miedo de afirmarse ante otros, discreción, tendencia a evitar el altercado, búsqueda de compromisos, etc.).
- El docente con su intervención ayudará a que los participantes expresen sus sentimientos.
- Reunirse en gran grupo confeccionando el mismo cuadro en el que se anotarán los resultados globales. Pedir a los portavoces de las distintas opciones que defiendan sus decisiones.

3. Material

Una joven casada, abandonada por su marido, excesivamente entregado a los negocios, se deja seducir y va a pasar la noche con su seductor, en una casa al otro lado del río.

Para volver al día siguiente muy temprano, antes de la vuelta de su esposo, que está de viaje, debe pasar el puente; pero un loco amenazador le impide el paso. Corre entonces a buscar un barquero, que le pide el importe del billete. Ella no tiene dinero y él rehusa trabajar sin que se le pague por adelantado. Va a buscar a su amante y le pide dinero. Él se niega sin darle explicaciones. Va a buscar a un amigo soltero que vive allí y que le tiene desde siempre un amor platónico, sin que ella, por su parte, haya correspondido jamás. Le cuenta todo y le pide dinero. También se niega: ella lo ha querido al portarse tan mal. Entonces decide, tras una nueva tentativa en vano con el barquero, pasar el puente. El loco la mata.

¿A cuál de estos 4 personajes, que son (por orden de aparición): la mujer, el marido, el amante, el amigo, se le puede tener por responsable de la muerte?

¿Cuál de ellos es el menos culpable?

4. Análisis

Dirigir la atención hacia la conducta que cada participante ha tenido con sus compañeros durante el debate.

El docente, desde su punto de vista, indicará a cada participante cuál ha sido su forma de actuar y pedirá información al grupo, preguntando la opinión que les merece la conducta de cada compañero.

Mostrar las imposibilidades de llegar a un acuerdo unánime. Preguntar el por qué de esta situación, procurando a través de preguntas poner en evidencia qué es y cómo se forma una actitud.

Cada persona tiene ideas o juicios sobre los hechos, cosas o personas. Estas ideas pueden estar firmemente fijadas en la mente; incluso pueden provocar sensaciones físicas (amor, odio, simpatía, etc.). Por su fuerza se convierten en grandes condicionantes de la conducta.

Estos juicios no son fruto de un acto razonado y deliberado, sino intuiciones; son un sentimiento más que una idea lógica. Cuando una persona actúa condicionada por sus convicciones, creencias, por aquello que cree es cierto, decimos que muestra una actitud.

Por actitud entendemos aquellas predisposiciones para interpretar y actuar frente a los hechos. Cuando se discute un mismo tema pero con actitudes distintas, el diálogo es enfrentamiento, multiplicando cada uno las justificaciones de sus puntos de vista con la intención de convencer al otro. La impermeabilidad a los argumentos es irritante, los que están de acuerdo son aliados y los otros adversarios, a los que se toma como «cabezones». No hay comunicación alguna en el sentido de comprensión mutua, sino yuxtaposición de varios monólogos.

Las actitudes se fijan de forma involuntaria en general en los primeros años, condicionadas en gran parte por el medio en que se desenvuelve la persona. Los grupos de pertenencia influyen en gran manera en las actitudes: la familia, la escuela, los amigos, el grupo social al que se pertenece, etc.

DINÁMICA 2: EL ABORTO

1. Objetivo

- Poner de manifiesto el arraigo de normas éticas, religiosas, etc. en las personas y su influencia en las actitudes.
- Experimentar la disonancia cognitiva que puede haber entre norma y juicio propio.

2. Instrucciones

- Elección de algunos casos de la lista que aparece a continuación, se recomiendan 4 o 5 casos.
- Reparto de la hoja de material a los alumnos.
- Se pide a los alumnos que decidan el castigo adecuado para cada caso elegido de forma individual.
- Una vez resueltos los casos individualmente se forman subgrupos de 3 a 6 alumnos mezclando aquellos que hayan distribuido el castigo en distintas proporciones.
- Se dan a cada uno de los subgrupos las siguientes instrucciones: «Imagínense que son los jurados o componentes del tribunal. Deben llegar a un veredicto común sobre los diversos casos. El veredicto sólo podrá aceptarse si es unánime».
- Cada subgrupo informa de los veredictos emitidos que se anotan en la pizarra, comparándolos.
- Nueva discusión en el gran grupo y nueva decisión.
- Discusión en gran grupo sobre lo que ha ocurrido.

3. Material

A continuación tienen la descripción de algunas circunstancias delictivas en un supuesto legal restrictivo. Pónganse en la situación del juez y emitan un veredicto sobre la pena que merecen los acusados. Las disposiciones del supuesto código penal al que tienen que atenerse dicen así:

1. La mujer que destruye su feto o permite que otro lo destruya será castigada con la pena de reclusión de hasta cinco años.

* Tomado de Antons, K. (1990). *Práctica de la dinámica de grupos*. Barcelona: Herder.

2. Quien destruya el feto de una embarazada será castigado con la pena de reclusión de hasta cinco años, y en casos especialmente graves con pena de reclusión de uno a diez años.
3. El delito en grado de tentativa es posible.
4. Quien proporcione a una embarazada un medio u objeto para destruir el feto está castigado con pena de reclusión de hasta cinco años, y en casos especialmente graves, de uno a diez años.

Observen que la ley distingue por una parte entre penas de reclusión desde un día hasta cinco años, y por otra, en casos especialmente graves, entre penas de reclusión desde uno hasta diez años, y que la pena para casos especialmente graves se impone en general, sólo por delitos especialmente reprochables.

Estudien detenidamente todos los hechos siguientes, consideren todas las circunstancias descritas del caso y emitan luego, de acuerdo con su sentido de la justicia y de la ley, un veredicto definitivo sobre la magnitud de la pena que se ha de imponer. Para esto deberán determinar la clase (caso especialmente grave o no) y duración de la pena.

Lista de casos

1. Un matrimonio con cuatro hijos cree que no podría educar a otro más sin reducir considerablemente el nivel de vida de toda la familia. Hace interrumpir el embarazo. ¿Cuál es el castigo adecuado para la mujer?
2. Un estudiante de medicina administra a su amiga, estudiante de 22 años, con el consentimiento de ella, un preparado para interrumpir el embarazo. ¿Cuál es el castigo adecuado para ella?
3. Una joven de 18 años se enamora de un joven y se entrega a él a las pocas semanas de conocerse. Él la abandona al quedarse ella embarazada. Ella no sabe qué otra cosa hacer excepto interrumpir el embarazo. ¿Cuál es el castigo adecuado para ella?
4. Una madre se siente ya incapaz, espiritual y físicamente, de hacer frente a la carga que supone el tener un hijo más. Su marido le aconseja la interrupción del embarazo. Ella encuentra a un médico que, a cambio de un alto precio, la ayuda. ¿Cuál es el castigo adecuado para el marido?
5. Una mujer de 35 años, soltera, hace interrumpir su embarazo, ya que es portadora de la hemofilia y no quiere traer al mundo un hijo. ¿Cuál es el castigo adecuado para ella?
6. Una bailarina de 30 años, casada, cree que su vocación está en el arte. Un hijo sería el final de sus sueños, a no ser que no se ocupara en absoluto de

él. Contra la voluntad de su marido, interrumpe el embarazo. ¿Cuál es el castigo adecuado para ella?
7. Un médico practica en varios casos interrupciones de embarazos, no por motivos médicos, sino sociales. ¿Cual es el castigo adecuado para él?
8. Una mujer de 50 años comparece ante el juez porque, sin poseer estudios de medicina, ha practicado reiteradamente abortos previo pago de una determinada suma. ¿Cuál es el castigo adecuado para ella?
9. Entre una secretaria de 24 años y su jefe de 40, casado, se establece una relación amorosa. Al quedarse ella embarazada, él le aconseja el aborto y se declara dispuesto a pagar los gastos. Ella accede a la propuesta. ¿Cuál es el castigo adecuado para el hombre?
10. Una madre se siente ya incapaz, espiritual y físicamente, de hacer frente a la carga que supone el tener un hijo más. Su marido le aconseja la interrupción del embarazo. Ella encuentra a un médico que, a cambio de un alto precio, la ayuda. ¿Cuál es el castigo adecuado para el médico?

4. Análisis

Se establece discusión en el gran grupo, pudiendo servir para dirigir la discusión las siguientes preguntas:

- ¿En qué casos hay disonancia entre normas propias y las leyes?
- ¿En qué medida se siente presionado a emitir un juicio?
- ¿Dónde aparecen prejuicios irracionales y morales frente a la vida no nacida?
- ¿Qué factores influyen en la persona para tomar una decisión?
- ¿En qué medida las actitudes de cada uno determinan la decisión tomada?
- ¿Es fácil alcanzar la unanimidad en los subgrupos?

Hacer reflexionar al grupo sobre cómo es difícil alcanzar la unanimidad debido a que cada persona tiene sus propios valores y sistemas de normas que están condicionados por las actitudes. Así, lo que cada persona defiende es una actitud.

DINÁMICA 3: TIPOLOGÍAS DE ALUMNOS

1. Objetivo

Analizar las diferentes formas de actuación o de dar respuesta pedagógica del profesor ante los diferentes tipos de alumnos según sus características personales y las actitudes que desarrollan en clase.

2. Instrucciones

- Se distribuye a los alumnos en grupos de 4 o 5 miembros.
- Se les entrega la lámina con la representación de los diferentes tipos de alumnos y la descripción de las características y actitudes de cada uno de ellos.
- Cada grupo elabora la respuesta pedagógica a dar a cada tipo de alumno.
- Un portavoz de cada grupo expone sus conclusiones.
- Discusión sobre la respuesta pedagógica de cada grupo y elaboración de conclusiones generales.
- Entregar las soluciones al ejercicio.

Este ejercicio también puede trabajarse a modo de *role-playing*, siguiendo las siguientes instrucciones:

- Se elige un alumno para actuar como docente.
- Se le pide que elija un tema que domine para dar una clase.
- Se le entregan en un papel o fichas las estrategias a utilizar con los diferentes tipos de alumnos.
- Dispone de 30 minutos para preparar su clase que ha de durar 15 minutos.
- En estos 30 minutos se reparten las tipologías entre el resto de alumnos, explicándoles que cada uno va a representar un tipo de alumno.
- Se les entrega en un papel o ficha las características del tipo de alumno que han de representar.
- Si es posible se dejan 3 o 4 observadores fuera de la escena.
- Una vez que todos los actores tengan claro su papel comienza la representación. El docente tiene 15 minutos para dar su clase.
- Análisis de lo ocurrido con la intervención de los observadores y de los actores.

3. Material

1. Discutidor

2. Positivo

3. Sabelotodo

4. Locuaz

5. Tímido

6. Ausente

7. Cerrado - refractorio

8. Pedante

9. Zorro

¿Cómo podríamos motivar a cada uno de estos tipos de alumnos para una participación constructiva?

1. Discutidor.

- Es el primero en oponerse al profesor.
- Inicia la discusión.
- Siempre encuentra un «pero».
- A veces interrumpe el ritmo de la clase.

- Facilita la comunicación entre los miembros del grupo o de la clase y atrae su atención.
- Pone en tela de juicio cuanto se dice.

2. Positivo.

- Es una persona práctica en su manera de actuar.
- Se centra en el tema discutido.
- Espera el turno de palabra.
- Participa si considera que puede aportar algo nuevo, dirigir la discusión, aclarar algún concepto o resumir.
- Es breve y conciso.
- Es trabajador, ordenado, colaborador y responsable.
- Buen conciliador para el grupo.

3. Sabelotodo.

- Da su opinión sea cual sea el tema que se trate.
- Quiere convencer de que su aportación es muy importante y aclaratoria.
- Afán de protagonismo.
- Se cree en poder de la razón.
- No deja hablar a nadie.

4. Locuaz.

- No sabe terminar de hablar cuando toma la palabra.
- Se desvía continuamente del tema central.
- Es minucioso y farragoso en sus explicaciones, ofrece detalles superfluos y sin importancia.
- Aunque no tenga conocimientos de un tema, sabe «defenderse» enrollándose.

5. Tímido

- No toma la palabra por sí mismo.
- Se limita a asentir si está de acuerdo con una aportación o a permanecer callado si está en contra.
- Si se le da la palabra se excita de tal forma que suele estar de acuerdo con lo que ha dicho el compañero.
- Sólo escucha.

- Se queda con dudas por no preguntar.
- Prefiere el trabajo individual al colectivo.
- En un momento determinado si está seguro del tema puede sorprender su intervención (casos aislados).

6. Ausente.

- Su presencia se olvida.
- Nunca participa.
- Su actitud muestra no escuchar: no mira a quien habla, no se suma a una respuesta general del grupo por algún estímulo común (por ejemplo risotadas por una gracia, exclamación, etc.).
- Ensimismado en sus pensamientos.
- Puede tener distintas facetas: desmotivado, vago, preocupado, desorientado, etc.

7. Cerrado - refractario.

- Se opone a todo lo que se propone.
- No está de acuerdo con nada.
- No aporta soluciones.
- Ausencia de relación con la clase.

8. Pedante.

- Su intervención es de alto nivel científico o técnico y lo sabe.
- Actitud de superioridad respecto al grupo.
- Interviene escasamente pues «igual no se le entiende».
- Protagonismo.
- Postura egocéntrica.

9. Astuto.

- Se aprovecha de la debilidad psicológica o científica de un compañero para rebatir sus argumentos.
- Suele dominar el «trato de gentes» para convencer con su habilidad.
- Es individualista a la hora del trabajo.
- Se aprovecha del trabajo de los demás para su provecho personal.
- Está atento a la postura mayoritaria.
- Evita el enfrentamiento directo.

4. Solución. Respuesta pedagógica del profesor

1. Discutidor.

- Escucha atenta.
- El profesor debe presentar las circunstancias que condicionan «lo perfecto y lo bueno».
- Pedirle reflexión sobre una solución mejor teniendo en cuenta las circunstancias.
- Pedirle que modere su participación para dejar la palabra a otros compañeros.
- Imponer la autoridad del profesor en último extremo.

2. Positivo.

- Reforzar con «muy bien, correcto» o asentimientos de cabeza, las intervenciones adecuadas.
- Darle la palabra en momentos críticos (silencios, discusiones, etc.).

3. Sabelotodo.

- Valorar lo positivo de sus aportaciones.
- Corregir claramente los errores.
- Pedir respeto al turno de palabra.
- Recomendar, tras su intervención, reflexionar sobre lo que se va a exponer.

4. Locuaz.

- Cortar en una respiración o pequeña pausa su intervención.
- Recordar brevedad y concisión en las intervenciones.
- Resaltar el desvío del tema y centrarlo de nuevo.
- Respeto al turno de palabra.

5. Tímido.

- Otorgar la palabra directamente ante cuestiones muy fáciles.
- No conformarse con una respuesta evasiva o monosilábica y seguir requiriendo su opinión o respuesta.
- Pedir una repetición con el volumen de voz más elevado para que todos lo oigan.

- Reforzar positivamente su intervención por el sólo hecho de producirse.
- Corregir un error explicando las razones del porqué el alumno probablemente lo habrá cometido (por ejemplo: «no lo expliqué suficientemente», «habrás pensado en este supuesto que también podría ser posible», etc.).

6. Ausente.

- Darle la palabra con frecuencia.
- Ante una actitud insistente preguntarle si está aburrido o si tiene alguna preocupación personal grave.
- No reflejar nuestra preocupación ni hacer referencia a su aislamiento por su ausencia hasta después de varios intentos de integración con preguntas directas a él.
- Reforzar positivamente su participación.
- Mostrar naturalidad ante la repetición de la pregunta o puesta en situación del tema cuando manifieste que no estaba escuchando o que se había perdido.

7. Cerrado - refractario.

- Exigirle la solución a un problema.
- A través de sucesivas preguntas hacerle que llegue a la conclusión final razonada de las consecuencias de la negativa a una propuesta.
- Resaltar la importancia de la colaboración de todos los miembros de un grupo para lograr felizmente la meta.
- Resaltar una cualidad positiva del «cerrado» que es muy necesaria para el cumplimento de la meta.
- Reforzar cualquier manifestación positiva.

8. Pedante.

- Respetar el bagaje cultural del alumno.
- Agradecer su intervención pero pedirle que la repita en términos más sencillos de forma que alguien que no haya tenido acceso a esos conocimientos le pueda entender pues «no es sabio el que sabe mucho, sino, el que sabe transmitir su sabiduría a los demás».
- Aprovechar las ideas buenas que aporta junto con otros compañeros.
- Pedir su opinión ante un tema que no domina y mantener la actitud de respeto a su aportación de forma que deduzca que el respeto se dirige a su persona, no a su sabiduría.

9. Astuto.

- Defender a tiempo a la posible víctima.
- Cortar con autoridad un ataque personal velado o directo.
- Reforzar las intervenciones sinceras.
- Ponerle en un aprieto de forma que necesite la ayuda de los demás.

5. Análisis

Analizar y discutir las soluciones aportadas por cada grupo, haciendo llegar a los alumnos a las soluciones correctas, argumentando y razonando cada una de ellas.

Si el ejercicio ha sido trabajado con *role-playing* analizar las consecuencias de cada tipo de actuación en el desarrollo de una clase, poniendo atención a las vivencias y emociones sentidas tanto por el docente como por los alumnos, teniendo en cuenta las aportaciones de los observadores y el análisis efectuado por ellos. Destacar los aspectos positivos de cada tipo de alumno que favorecen el desarrollo de una clase, así como los negativos para que puedan ser controlados por el docente.

DINÁMICA 4: GUÍA PARA TRATAR A CADA PARTICIPANTE SEGÚN SU PERSONALIDAD

1. Objetivo

Determinar la forma en que se ha de tratar a cada alumno según su personalidad y según las actitudes que manifieste en clase.

2. Instrucciones

- Se distribuye a los alumnos en grupos de 4 o 5 miembros.
- Se les entrega la lámina con la representación de los diferentes tipos de personalidades y la descripción de las características y actitudes de cada una de ellas.
- Cada grupo elabora el tratamiento a dar a cada tipo de alumno.

- Un portavoz de cada grupo expone sus conclusiones.
- Discusión sobre las respuestas de cada grupo y elaboración de conclusiones generales.
- Entregar las soluciones al ejercicio.

Este ejercicio también puede trabajarse a modo de *role-playing*, siguiendo las siguientes instrucciones:

- Se elige un alumno para actuar como docente.
- Se le pide que elija un tema que domine para dar una clase.
- Se le entregan en un papel o fichas las estrategias a utilizar con los diferentes tipos de alumnos.
- Dispone de 30 minutos para preparar su clase que ha de durar 15 minutos.
- En estos 30 minutos se reparten las tipologías entre el resto de alumnos, explicándoles que cada uno va a representar un tipo de alumno.
- Se les entrega en un papel o ficha las características del tipo de alumno que han de representar.
- Si es posible se dejan 3 o 4 observadores fuera de la escena.
- Una vez que todos los actores tengan claro su papel comienza la representación. El docente tiene 15 minutos para dar su clase.
- Análisis de lo ocurrido con la intervención de los observadores y de los actores.

3. Material

El eterno preguntón El señor sabelotodo El embrollón

El tipo «chic» El querellador El mudo voluntario

El obstinado El charlatán

1. El eterno preguntón.

    Quiere entorpeceros o sería feliz en conocer vuestra opinión: trata de haceros apoyar su punto de vista.

2. El querellador.

    Le gusta herir a los demás o tiene razones legítimas para quejarse.

3. El embrollón.

    Le gusta discutir, oponerse por el simple placer de hacerlo o puede ser de un buen natural, pero hallarse fuera de sí por cuestiones personales.

4. El obstinado.

    Ignora sistemáticamente el punto de vista de los demás y el vuestro. No quiere aprender nada de los demás.

5. El señor sabelotodo.

    Quiere imponer su opinión a todos. Puede estar efectivamente bien informado o ser un simple charlatán.

6. El mudo voluntario.

    Se desinteresa de todo. Se cree por debajo o por encima de los asuntos discutidos.

7. El tipo «chic».

    Siempre dispuesto a ayudaros. Seguro de sí mismo. Convencido.

8. El charlatán.

    Habla de todo fuera de tema y de una forma incontenible.

4. Solución

1. El eterno preguntón.

Reenviar sus preguntas al grupo. No resolver sus problemas. No tomar partido.

2. El querellador.

Permanecer tranquilos. Tratar de que el grupo lo aísle. Decirle que trataréis con mucho gusto su problema en privado. Atrincherarse tras la falta de tiempo.

3. El embrollón.

Tratar de separar lo que hay de bueno en sus intervenciones y después hablar de otra cosa. No desconcertarse. Utilizar las preguntas. Dejarle empeñarse en decir tonterías y oponerle la opinión del grupo. Hablarle en particular.

4. El obstinado.

Unir al grupo contra él. Decirle que estaríais encantados de discutir el asunto a solas con él. Pedirle que mientras tanto acepte el punto de vista del grupo.

5. El señor sabelotodo.

Detenerle mediante preguntas difíciles. Reforzar la confianza del grupo, para que no se deje imponer por este tipo de participante. «He aquí un punto de vista interesante, veamos lo que piensa el grupo.»

6. El mudo voluntario.

Tratar de despertar su interés pidiéndole su opinión sobre un punto que conozca. Indicarle, sin exagerar, el respeto que sentimos por su experiencia, haciendo comprender al grupo vuestra intención. Explicar mejor aquello que él no comprende.

7. El tipo «chic».

Una ayuda preciosa durante las discusiones. Hacerle aportar su contribución. Utilizarle frecuentemente. Darle las gracias.

8. El charlatán.

«Pararle la cuerda» cuando se detiene para tomar aliento. Decirle: ¿no nos alejamos un poco del tema? Si no se da por aludido observar vuestro reloj ostensiblemente.

9. Análisis

Analizar y discutir las soluciones aportadas por cada grupo, haciendo llegar a los alumnos a las soluciones correctas, argumentando y razonando cada una de ellas.

Destacar los puntos positivos de cada tipo de alumno y como podemos aprovecharlos en el proceso de formación. Destacar también los puntos negativos y cómo podemos controlarlos para que no interrumpan el ritmo habitual de la clase.

En caso de que el ejercicio haya sido realizado con *role-playing* analizar con detalle la actuación de cada alumno, destacando y valorando los puntos positivos de cada tipo de alumno y llamando la atención sobre los negativos para que puedan ser contrarrestados. Valorar las aportaciones tanto del docente y alumnos como de los observadores.

Capítulo 7

PERCEPCIÓN

INTRODUCCIÓN

El modo en que percibamos el mundo condiciona en parte el comportamiento humano, e influye de forma decisiva en nuestros aprendizajes. La percepción no es una aptitud, sino un proceso o actividad y no podemos estudiarlo aisladamente, sino formando parte de un continuo que va desde la sensación, pasando por la atención hasta la percepción. Si hacemos un recorrido por nuestro cuerpo nos daremos cuenta de que permanentemente estamos recibiendo una cantidad inmensa de estímulos que excitan nuestros receptores sensoriales. Resulta fácil centrarnos en cada uno de estos estímulos (temperatura ambiente, olor, sonidos, hambre, sed, dolor...) de forma independiente, pero si intentamos experimentar todas estas entradas sensoriales a la vez ocurre que aunque podamos fijarnos en más de una, la experiencia del conjunto no es igual a cada una de las experiencias aisladas y que cuanto más se quiere abarcar menos información se recibe de cada uno de los canales de entrada.

De aquí se obtienen principalmente dos conclusiones:

- Continuamente estamos experimentando sensaciones cada vez que cualquier órgano sensitivo (receptor) recibe un estímulo del medio interno o externo. Por tanto la sensación es un mero proceso receptivo, es la respuesta inicial de un organismo a un estímulo.
- Nuestro sistema de procesamiento de la información tiene una capacidad limitada y como los estímulos desde su entrada por los receptores sensoriales siguen un camino hasta nuestra conciencia, es en este camino donde se realiza algún tipo de selección que hace que algunos de estos estímulos lleguen a nuestra conciencia y otros no. A este proceso de selección es a lo que se llama atención. Por tanto la atención es la capacidad de elaborar unas sensaciones y no tener en cuenta las demás. (Vega, 1984).

Una persona por muy enfrascada que esté en una lectura llegan hasta él otros estímulos como, por ejemplo, el mobiliario de la habitación, los ruidos, la temperatura, la intensidad de la luz, etc. El sujeto recibe estos estímulos pero no atiende a ellos. Sin embargo, si alguno de estos estímulos experimenta una modificación, es posible que la atención se dirija hacia ellos y que la lectura quede relegada a un segundo plano por unos momentos, para volver luego a pasar a primer plano. Este ejemplo demuestra que la persona dirige su atención hacia unos u otros estímulos según adquieren más o menos importancia para ella, es decir, selecciona entre todos los estímulos que recibe cuales atiende en función de su importancia. Por tanto el proceso de selección de información no se realiza al azar, sino que influyen una serie de factores externos e internos.

Algunos de los factores externos son los que siguen:

- Intensidad: un sabor u olor fuertes, los colores intensos en el material audiovisual, etc. captan más nuestra atención.
- Tamaño: los estímulos grandes llaman más la atención que los pequeños.
- Contraste: llama más la atención un estímulo que contraste con lo que le rodea.
- Novedad: aquello que resulta diferente de las cosas habituales atrae más nuestra atención.
- Secuencialidad: la secuencialidad en la presentación de los estímulos mantiene la atención, si se presentan muchos estímulos a la vez no se puede atender a todos y es fácil la distracción.
- Repetición: la repetición prudente de un estímulo hace que si no se atendió en las primeras presentaciones se atienda en presentaciones sucesivas.
- Variación de estímulos: el cambio o la variación de estímulos exige una mayor atención.

Los factores internos hacen referencia a disposiciones internas de las personas; pueden ser, por ejemplo:

- Intereses personales: mostramos una atención selectiva hacia aquello relacionado con nuestras aficiones o intereses. Quien tenga afición por la música centrará su atención en los escaparates de discos.
- Privaciones y necesidades: las necesidades físicas, sociales o culturales dirigen la actividad de un individuo, propiciando una atención hiperselectiva hacia aquello que satisfaga su necesidad.

- El cansancio y la fatiga: cuando las personas están muy cansadas o fatigadas solo tendrán deseos de dormir o descansar y es muy difícil que otros estímulos capten su atención.

El proceso de aprehensión de la realidad no queda completo si sólo sentimos y atendemos a los estímulos; para completarlo, hemos de percibirlos. La percepción consiste en el análisis, síntesis y evaluación interna de las sensaciones que recibimos y a las que atendemos; es la atribución de significado a la información captada por los sentidos, la organización, integración e interpretación de esa información. Esto se pone de manifiesto en las figuras reversibles, como por ejemplo la «copa de Rubin» que no es más que sensaciones de color y forma. De todos los estímulos que recibimos en un momento atendemos a la imagen reversible de la «copa de Rubin» y si nos concentramos en la parte blanca nuestra percepción nos hará ver una copa, mientras que si nos concentramos en la parte negra nuestra percepción nos hará ver dos caras. En ambos casos los estímulos visuales han sido idénticos, es decir, la sensación y la atención han sido idénticas, lo único que ha cambiado es la percepción, consistente en la evaluación y organización de los estímulos.

Imagen reversible
de la copa de Rubin

La percepción ha sido estudiada por la escuela de la psicología de la forma gestalt. Según esta escuela la percepción humana agrupa los estímulos, para dotarlos de significado, en estructuras simples y conocidas. El principio fundamental de esta agrupación es que «el organismo no percibe los estímulos aisladamente, sino que los estructura de forma tal que el resultado de conjunto es algo más que la suma de todos los estímulos que lo componen, y que las estructuras percibidas poseen propiedades autónomas no derivadas todas ellas de los elementos componentes» (Cerdá, 1965).

Por tanto la percepción de modo básico separa el campo perceptual en dos partes: figura y fondo.

La figura en la que se centra nuestra atención y que es dominante sobresale de un fondo que le sirve de soporte o sostén, que es más difuso y queda más alejado para el observador.

Este fenómeno que se produce de forma inconsciente puede ser problemático en el caso de que dos figuras contrasten juntas con la misma fuerza o en el caso de que figura y fondo aparezcan con la misma fuerza. Un ejemplo de esto es la cebra que no se sabe si es un animal blanco con rayas negras o un animal negro con rayas blancas. Este fenómeno se llama «fenómeno de reverso o reversible»: alternativamente se destacan como figura primero una parte y luego otra (Antons et al., 1971).

Además la forma tiende a organizarse de tal modo que sea tan sencilla como lo permitan los elementos dados (ley de la sencillez) y que la figura percibida sea lo más definida posible (ley de la pregnancia).

Nuestra percepción sigue en general las siguientes leyes básicas de agrupación de estímulos:

• Ley de la proximidad: ante varios estímulos iguales se tiende a agrupar en una estructura aquellos que se encuentran más próximos.

Aquí se perciben tres configuraciones de dos líneas paralelas.

Aquí se percibe una sola unidad de seis líneas paralelas.

• Ley de la semejanza: tendemos a agrupar dentro de lo posible aquellos estímulos que son semejantes entre si.

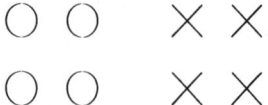

Es fácil percibir dos cuadrados, uno con los círculos y otro con las equis.

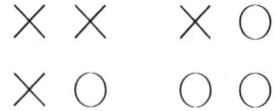

Aquí es dificil percibir los dos cuadrados.

- Ley de la continuidad: aquellos estímulos que puedan agruparse en una figura sobresaldrán del fondo y podrán agruparse juntos.
- Ley del cierre: tendemos a terminar o cerrar las figuras incompletas buscando una mayor estabilidad o simplicidad perceptiva.

Aunque los dibujos no son un círculo ni un cuadrado completos nosotros debido a la ley del cierre los percibimos como tales figuras geométricas.

Las percepciones están influidas por una serie de factores entre los que se pueden considerar básicamente los siguientes:

- La experiencia o conocimientos previos: la percepción está muy determinada por la historia anterior de aprendizajes del individuo. Cuando percibimos algo, si no es algo nuevo, es un objeto que categorizamos o incluimos en una categoría ya conocida, lo que hemos aprendido lo tenemos ya almacenado en espera de la ocasión propicia para utilizarlo.
- Los intereses: los intereses individuales contribuyen a que se perciban determinados aspectos del mundo y no otros. Por ejemplo, en un bosque un carpintero verá una fuente de madera, un cazador un lugar donde cazar y un pintor algo que pintar.
- Las expectativas o esquemas anticipatorios: suelen actuar como imágenes de búsqueda, cuando buscamos algo o esperamos algo transportamos esto a nuestro espacio vital, y cuando nuestra percepción coincide con lo que buscamos lanzamos un «aquí está».
- El grupo social y la cultura: las percepciones o juicios emitidos están influidos por las respuestas dadas por compañeros o por los miembros de un grupo. Esto responde a la necesidad de seguridad y de afiliación.

Estas leyes y factores son también aplicables a la percepción social.
Percepción social significa tanto la percepción de personas como la percepción condicionada por lo social. Según C. F. Graumann (1956): «Lo que el hombre percibe en cada situación y el modo de percibirlo refleja irrecusablemente la manera como él se presenta en esa situación, su predisposición. Pero esta predisposición se entiende como función de los motivos dominantes (im-

pulsos, necesidades, pareceres) y sobre todo de su estructura personal y de la estima que de ella tenga».

Es importante recalcar el hecho de que la percepción no es un proceso pasivo en que el individuo recibe sensaciones del exterior, sino que se trata de un proceso activo y creador en el que el sujeto está implicado en su totalidad, no solo con su soporte fisiológico, sino con toda su experiencia de aprendizaje y su personalidad. El sujeto por tanto se comporta activamente organizando e interpretando las sensaciones.

La percepción implica una forma de actividad cíclica: la nueva información es captada por el sujeto y a su vez produce una viva actividad en la que actúan la habilidad y la recogida de información para confirmar, explorar y reforzar lo que se ha visto o captado. Esta nueva actividad recoge información adicional que vuelve a ser captada por el sujeto y conduce a una actividad creciente. Así pues el conocimiento de la realidad no descansa en el sujeto, ni en el objeto, sino en el flujo dinámico entre ellos.

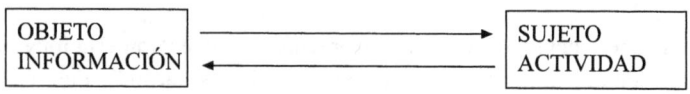

La información que recoge cada sujeto de un mismo objeto es diferente, es decir, diferentes sujetos extraen diferentes informaciones de un mismo estímulo, en función de sus necesidades, conductas, intereses, experiencias, etc. Por tanto la percepción tiene un carácter subjetivo.

En formación de formadores hay que tener presentes el desarrollo de la atención y percepción, ya que la enseñanza será más fácil y eficaz si las clases se desarrollan y organizan de forma que capten y mantengan la atención de los alumnos. El formador ha de tener en cuenta los factores que influyen en la atención para que trabajando con ellos mantenga un grado optimo de atención en sus alumnos y pueda captar su atención cuando estén distraídos. También tendrá que ser consciente de las demandas atencionales que exige a sus alumnos por que no podrá exigirles que realicen simultáneamente trabajos que excedan sus capacidades atencionales.

Por otra parte el modo en que los alumnos perciban la situación de formación y al propio docente condicionará en gran medida la actitud que adopten ante los contenidos de la formación. De igual manera, si los contenidos no están claramente organizados y estructurados, las percepciones que tendrán los alumnos de estos contenidos variarán de unos a otros. Si la información que ofrecemos es incompleta los alumnos tenderán a completarla.

El conocimiento de estos procesos básicos que influyen en el aprendizaje es vital para futuros formadores pues les ayudará a estructurar los contenidos de su formación y a planificar y decidir los métodos de sus clases.

En otro sentido, en toda situación de dinámica de grupos suele aparecer el malestar y el enfado entre los componentes del grupo por las percepciones distintas que tienen, porque los hechos aparentemente objetivos se prestan a interpretaciones, esto puede ser motivo de reflexión sobre la percepción social que sería de gran importancia en toda situación de grupos.

Este capítulo pretende ayudar a los alumnos a comprender cómo se comportan la atención y la percepción demostrando mediante ejercicios las leyes que rigen nuestras percepciones, así como los factores influyentes en ambos procesos y su carácter subjetivo. Ayudará al alumno a tomar conciencia de lo importantes y lo decisivos que son estos procesos para el aprendizaje, así como para el desarrollo y funcionamiento de los grupos.

El «Problema de los nueve puntos» pone de manifiesto cómo puede actuar en nuestra percepción una de las leyes enunciadas, «ley del cierre» y cómo estamos condicionados al percibir la realidad por los hábitos adquiridos. Por otra parte suscita la discusión entre los alumnos facilitando la comunicación del grupo.

El «Ejercicio del cuadrado» pone de manifiesto cómo nuestra percepción está influida por el aprendizaje y las experiencias previas.

Los ejercicios «Mujer anciana - mujer joven» y «Las figuras» permiten introducir elementos básicos para poder investigar de forma objetiva cualquier aspecto de la realidad. Ambos ejercicios ponen de manifiesto el carácter subjetivo de la percepción, también se puede analizar con ellos la influencia que tienen los aprendizajes y experiencias anteriores a la hora de dirigir nuestras percepciones.

«Percepción interpersonal» hace referencia a la percepción social, demuestra que el comportamiento depende de la percepción que los demás tengan de nosotros, pues para cada uno de los miembros de un grupo no tenemos la misma imagen. También demuestra que existen factores que actúan en nuestra percepción de los demás: organizamos el mundo en categorías y valores y en esta organización, que depende de nuestras motivaciones, encuadramos a los demás.

«Las ilusiones ópticas» son apropiadas para ejemplificar los problemas de percepción y demostrar cómo ésta puede ser engañosa de tal manera que aquello que parece la realidad objetiva no tiene por qué serlo y está sujeto a interpretaciones.

Todos estos ejercicios sobre percepción comparten la característica de ser divertidos y amenos, de tal manera que pueden servir al docente para relajar al grupo en momentos de tensión o cansancio.

DINÁMICA 1: PROBLEMA DE LOS 9 PUNTOS

1. Objetivo

- Experimentar la dificultad de romper una figura aparente (ley del cierre).
- Demostración óptica de problemas de innovación.

2. Instrucciones

- Se les entrega a los alumnos el material y se les pide que resuelvan el problema de forma individual.
- Dispondrán de un tiempo máximo de 15 minutos.
- Comentario en el grupo sobre las soluciones halladas y las dificultades que han tenido para hallar la solución.

3. Material

Unir estos nueve puntos con sólo cuatro líneas rectas sin interrupción. La línea, por tanto, está doblada tres veces. Cada uno de los puntos pretendidos solo puede ser tocado una vez. No está permitido volver sobre la misma línea.

4. Solución

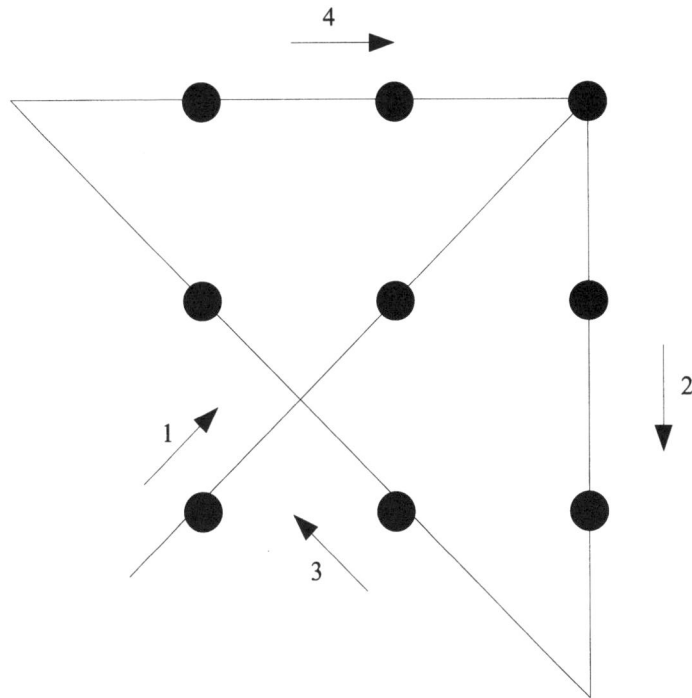

5. Análisis

- ¿Por qué es la solución tan difícil?
- Es un problema psicológico conocido: es la demostración de que los hábitos contraidos en el modo de pensar e imaginar (aquí la figura del cuadrado) pueden impedirnos la búsqueda de la solución por caminos nuevos.

DINÁMICA 2: EJERCICIO DEL CUADRADO

1. Objetivo

- Experimentar cómo la percepción está influida por las experiencias anteriores y los modelos familiares y conocidos.
- Experimentar cómo percibimos siempre una figura que sobresale de un fondo.

2. Instrucciones

- Se les entrega a los alumnos el material y se les pide que de forma individual cuenten cuántos cuadrados son visibles en la figura.
- Comentario en el grupo sobre el número de cuadrados que cada uno ve.
- Se les entrega a los alumnos la solución al ejercicio.
- Comentario sobre como actúa nuestra percepción dificultándonos llegar a la solución correcta.

3. Material

Averiguar cuántos cuadros contiene o se ven en esta figura.

4. Solución

En total son visibles 30 cuadros.

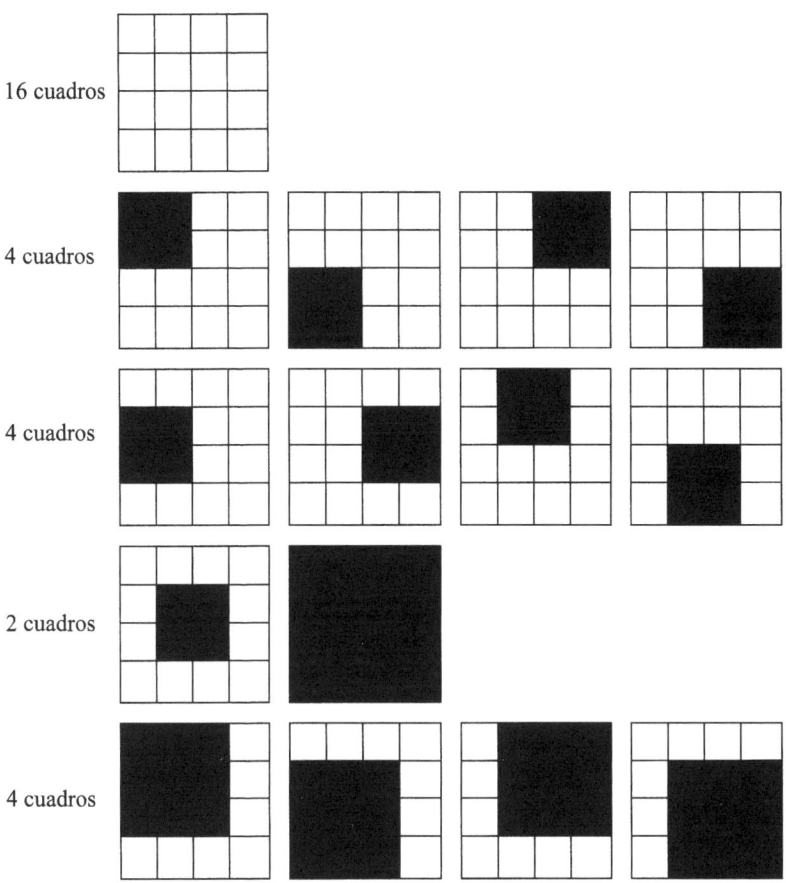

5. Análisis

Las dificultades para ver los 30 cuadros se deben a que cuesta desligarse del modelo familiar y conocido y formar un cuadro con 4 o 9 casillas del tablero de ajedrez.

Estamos siempre en una relación de figura y fondo.

DINÁMICA 3: MUJER ANCIANA - MUJER JOVEN

1. Objetivo

   Adquirir conciencia de que el comportamiento depende de la propia percepción y de que las percepciones varían mucho.

2. Instrucciones

   Se presenta la imagen de la vieja-joven y se pide a los alumnos que contesten por escrito a estas preguntas:

   - ¿Os parece una mujer guapa?
   - ¿Qué edad pensáis que tiene?

   A continuación se pide a los alumnos que expongan al resto del grupo su respuesta a las preguntas propuestas.

3. Material

   En la lámina aparece la imagen de una dama. Contestad por escrito a las siguientes preguntas:

¿Os parece una mujer guapa?

¿Qué edad pensáis que tiene?

4. Análisis

Se analizan las percepciones de cada uno de los alumnos. Si la doble estimulación no se ha producido, se pregunta al resto de alumnos.

- ¿Se hace transparente la doble estimulación de la imagen reversible?
- ¿Se producen, por ello, malentendidos?

DINÁMICA 4: LAS FIGURAS

1. Objetivo

- Desarrollar la capacidad de abstracción.
- Diferenciar los elementos personales y subjetivos que están presentes cuando observamos un hecho, una situación o analizamos y percibimos la realidad.

2. Instrucciones

- A cada alumno se le entrega la hoja con las figuras.
- Cada alumno observa y dibuja lo que las figuras le hacen imaginarse. Se trata de dibujar lo que las figuras les parecieron a cada uno a primera vista.
- Cada alumno muestra su dibujo y el docente va haciendo una lista con los diferentes objetos que cada uno se imagina.
- Análisis y reflexión del ejercicio.

3. Material

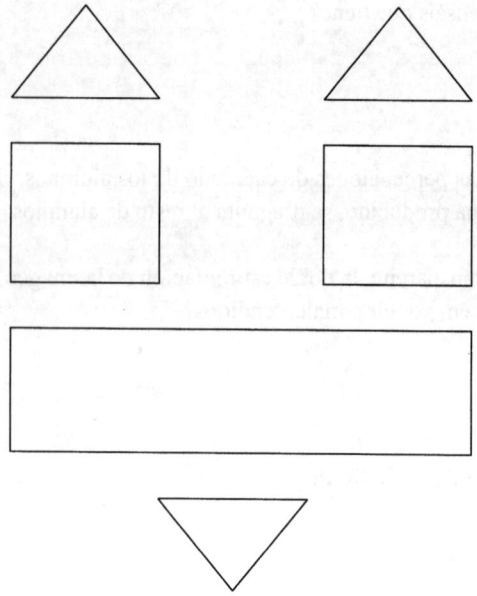

4. Análisis

La discusión se realiza considerando cómo a partir de un mismo dibujo hay diferentes formas de verlo, o de interpretarlo o de percibirlo. Esta apreciación personal está presente siempre que analizamos la realidad (hechos, situaciones, etc.).

La manera de percibir la realidad o el dibujo depende de los distintos valores, enfoques, experiencias personales, gustos, opiniones, etc., de cada persona.

DINÁMICA 5: PERCEPCIÓN INTERPERSONAL

1. Objetivo

- Comprender los factores que influyen en la percepción que tenemos de otras personas.
- Comprender la manera en que las percepciones de otros, en particular las primeras impresiones, influyen sobre las relaciones interpersonales.

2. Instrucciones

- Distribuir a los alumnos en grupos de 5 miembros.
- Cada alumno de forma individual completa la matriz de percepción sobre las percepciones propias describiendo con 5 o 6 palabras a cada uno de sus compañeros del grupo e identificándolos con un animal, instrumento musical y comida.
- Cada miembro del grupo comunica a los demás sus percepciones ofreciendo una breve justificación de las mismas.
- Cada miembro del grupo anota las percepciones que han tenido sobre él en la matriz de percepción sobre percepciones de los demás.

3. Material

MATRIZ DE PERCEPCIÓN
Percepciones propias

Categoría	Miembro	Cómo se ve usted	Cómo ve a A	Cómo ve a B	Cómo ve a C	Cómo ve a D
5 - 6 palabras						
Animal						
Instrumento musical						
Comida						

MATRIZ DE PERCEPCIÓN
Percepciones de los demás

Categoría	Miembro	Cómo me ve A	Cómo me ve B	Cómo me ve C	Cómo me ve D
5 - 6 palabras					
Animal					
Instrumento musical					
Comida					

4. Análisis

No somos máquinas fotográficas ni grabadoras. No captamos por los ojos exactamente lo que está «ahí fuera». Respondemos constantemente a sugerencias que tienen sentido para nosotros. Vemos lo que nos gusta o necesitamos ver para nuestra defensa o logro de nuestros propósitos. No vemos a las personas tal como son, las vemos por lo que significan para nosotros. Considere cómo entendemos el mundo en que vivimos, y en particular aquello que nos concierne e interesa a nuestras relaciones con otras personas. Ante todo, organizamos el mundo de acuerdo con conceptos, o categorías. Decimos que las cosas son calientes o frías, buenas o malas, sencillas o complicadas. Cada uno de estos conceptos se puede considerar una dimensión, a lo largo de la cual podemos ubicar los acontecimientos del mundo, algunos más próximos a un extremo de la dimensión, algunos más próximos al otro.

En cualquier momento que consideremos nuestras cualidades, las de otras personas, o de acontecimientos del mundo inanimado, tenemos que usar esos conceptos. Para nuestra comprensión del mundo, dependemos de conceptos y categorías para organizar nuestras experiencias. Si nos falta un concepto para algo que sucede en el mundo, tenemos que inventar uno, o de lo contrario no podemos responder de manera organizada al acontecimiento. ¿Cómo, por ejemplo, explicaría una persona su conducta y la de los demás sin los conceptos de amor y odio? Considere cuánta conducta sencillamente le intrigaría o confundiría, o quizás pasaría sin ser verdaderamente percibida, por falta de esta sola dimensión.

La mayoría de nosotros ha desarrollado su propio conjunto de conceptos que usa para interpretar la conducta de los demás. Estas preferencias de conceptos suelen estar relacionadas con nuestra motivación. Según las motivaciones de cada uno, las personas pueden inclinarse a ver el mundo en términos de amor u odio, aceptación o rechazo.

5. Otras aplicaciones

En comunicación (feed-back) con el siguiente objetivo:

- Demostrar la diferencia existente entre la idea que tienen los miembros del grupo, unos de otros.
- Demostrar la importancia de las retroinformaciones y de interpretar correctamente las señales que emite nuestro interlocutor.

DINÁMICA 6: ILUSIONES ÓPTICAS

1. Objetivo

- Demostrar las limitaciones fisiológicas y psicológicas de la capacidad (óptima) de percepción.

2. Instrucciones

- Mostrar los 8 cuadros o ilusiones ópticas.
- Destacar las leyes de la forma y otros factores de percepción que actúan en cada cuadro o ilusión óptica.

3. Material

1. Ilusión de Müller-Lye   2. Ilusión de las paralelas de Herir

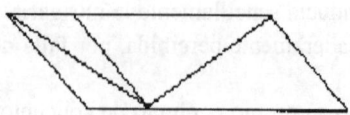   

3. Paralelogramo de Sande   4. Imagen reversible

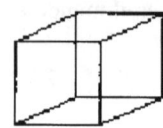   

5. Cubo de Necke   6. Imagen de la copa de Rub

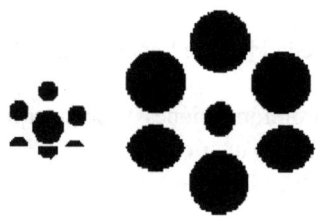

7. Ilusión del círculo de Ebbinghau

8. Constancia de magnitudes

4. Análisis

- Analizar la dependencia de la percepción de factores fisiológicos, psicológicos y sociales.
- Analizar que leyes formales se descubren de modo espontáneo.

Capítulo 8

MOTIVACIÓN

INTRODUCCIÓN

¿Por qué una persona es trabajadora, responsable, mientras que otra es perezosa y despreocupada? ¿Por qué una persona desea dedicarse al arte y otra a una profesión técnica? ¿Por qué unos alumnos están interesados por los contenidos de la enseñanza y a otros parece no importarles? La contestación a estas y otras preguntas nos lleva a la cuestión de la motivación humana. Consideraremos la motivación como un elemento importante de la conducta, pero hemos de tener en cuenta que es una inferencia, que no podemos observarla directamente, observaremos la conducta, pero la motivación no es el único elemento determinante de ésta.

La explicación de cualquier acción de la persona implica tres interrogantes: ¿Qué es lo que determina que una persona inicie una determinada acción?, ¿cuál es la causa de que una persona se desplace hacia un determinado objetivo?, ¿cuál es la causa de que una persona persista en sus tentativas de alcanzar ese objetivo?

Daremos respuesta a estos interrogantes al definir la motivación como el «proceso para despertar la acción, sostener la actividad en progreso y regular el patrón de actividad... Los dos aspectos más importantes son el energético... y el de regulación y dirección...» (Young, 1961). Para Hebb (1949) «el problema principal... no es despertar la actividad, sino darle un patrón y dirigirla». Según Atkinson (1958) «el término motivación se refiere a la activación de una tendencia a actuar para producir uno o más efectos. El término motivación subraya la fuerza final de la tendencia de la acción, que la persona experimenta como un yo quiero...»

En este sentido las necesidades serían las fuerzas o factores que inician la conducta, los impulsos los que la sostienen y los objetivos los que la dirigen.

Podemos resumir la conducta motivada en el siguiente esquema adaptado del de Dunnette y Kirchner (1972):

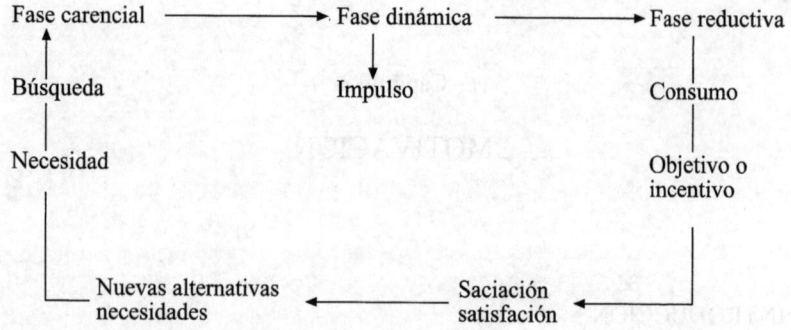

Los motivos de toda conducta humana arrancan de una situación de carencia, de una necesidad de la persona que perturba su normal adaptación tanto a su medio interno como externo, rompiendo el equilibrio (fase carencial). El organismo desencadena una actividad llamada impulso que tiende a restaurar el equilibrio perdido (fase dinámica). Cuando el objetivo al que se dirigía el impulso es alcanzado se produce la reducción o satisfacción de la necesidad (fase reductiva).

Al explicar la motivación tanto Maslow como Murray subrayan el papel de las necesidades.

Según Maslow (1963) las motivaciones del comportamiento están relacionadas con las necesidades. El ser humano lucha y actúa para conseguir su satisfacción. Las necesidades fundamentales de la persona son según este autor: fisiológicas, de seguridad, de afiliación, de estima y de autorrealización. Estas necesidades se ordenan según una jerarquía, siendo las de orden inferior las fisiológicas, de forma que hasta que no se han satisfecho a un nivel aceptable las de orden inferior, no se activan y por tanto no se erigen en motivadores del comportamiento, las que le siguen en esta escala. Es decir, se considera que la condición para que se activen las necesidades de orden superior es la satisfacción de las de orden inferior a un cierto nivel.

Por su parte Murray (1938) basa su teoría en la creencia de que el entorno, junto con nuestras características y necesidades, determina la forma en que nos comportamos en una situación dada. La necesidad es sólo una tendencia general a comportarse de una determinada manera. En un cierto momento influyen en la conducta muchos otros factores además de las necesidades.

McClelland y Atkinson (1978) desarrollan la teoría de la motivación de logro que se define como un deseo de la persona de hacer las cosas bien, de tener éxito en sus realizaciones. La persona con necesidad de logro reacciona ante los resultados de sus esfuerzos y se siente inclinada hacia aquellas tareas que considera retadoras y difíciles, de forma que cuando alcance éxito en su realización sienta la satisfacción de haber conseguido un logro personal. La persona con baja necesidad de logro, a mayor esfuerzo exige mayores recompensas tangibles, mientras que la persona con elevada necesidad de logro encuentra la recompensa en el éxito alcanzado, en la realización de lo que hace.

La teoría de la motivación de atribución es desarrollada por Weiner (1972) que piensa que las personas tratan de explicarse porque las cosas sucedieron de una determinada manera e intentan formar unas atribuciones respecto a unas determinadas causas. En el aula los alumnos se preguntarán sobre el éxito y el fracaso alcanzando. Weiner agrupa las causas del éxito o del fracaso en tres dimensiones: internas/externas, estables/inestables y controlables/incontrolables.

Bandura (1977) en su teoría del aprendizaje social señala que existen dos fuentes básicas de la motivación: los pensamientos respecto a las futuras consecuencias de la conducta basados en anteriores experiencias y la fijación de objetivos. Así imaginamos todas las cosas positivas que ocurrirán cuando alcancemos los objetivos y las cosas negativas que ocurrirán si no llegamos.

Existen factores que pueden tener gran influencia en la motivación del alumno, estos factores son entre otros: las expectativas del docente, los centros de autoridad en la clase y los intereses del alumno.

Al hablar de las expectativas del docente se habla de la «profecía autorrealizada» (efecto Rossenthal). Significa que las expectativas y previsiones de los docentes sobre la forma en que se conducirán los alumnos determinan aquellas conductas que aquéllos esperaban. Es decir, la simple elaboración de predicciones puede ser la causa de que sucedan los resultados esperados. Así los docentes comienzan por formular expectativas sobre la forma en que se comportarán en clase diferentes alumnos, luego tratan diferentemente a los alumnos de acuerdo con ellas; si este tratamiento prosigue, los alumnos de quienes se esperaba más conseguirán mejores resultados en el aprendizaje.

En cuanto a los centros de autoridad en clase podemos destacar dos: el docente y el grupo de iguales. El docente tiene una posición de poder en el aula, es un experto en la materia y puede ser una fuente de refuerzo positivo, además los alumnos lo consideran como modelo; este poder puede ser utilizado para estimular la motivación de los alumnos. El grupo de iguales ejerce otra forma de control, los iguales constituyen un grupo de referencia y los alumnos tenderán a comparar su conducta y actitudes con las del grupo de referencia.

Los intereses del alumno son una fuente de motivación si relacionamos las experiencias de aprendizaje con él. El docente deberá saber cuáles son los intereses de sus alumnos y utilizar este conocimientos en su actividad docente.

Algunos métodos para estimular la motivación son: estimulación de la curiosidad, empleo de la cooperación y la competición y empleo de la enseñanza individualizada.

Un medio importante para promover la motivación de los alumnos es estimular su curiosidad. La curiosidad se puede estimular formulando preguntas o respondiendo a las preguntas del alumno, creando un clima en clase de libertad, presentando el material de aprendizaje tras un periodo de interrogación, utilizando paradojas, presentando tareas ambiguas, etc. (Ball, 1988).

La cooperación y la competición también estimulan la motivación, ya que la motivación se ve influida por la manera en que nos relacionamos con otras personas.

La enseñanza individualizada, por su parte, hace que un alumno o un pequeño grupo trabaje conforme a un plan de aprendizaje específicamente concebido para atender a sus necesidades, intereses y capacidades. La enseñanza individualizada es por tanto un método para estimular la motivación.

En resumen el hombre avanza de un estado de equilibrio previo al de carencia a otro estado de equilibrio. Entre estos dos estados se produce una tensión psíquica creciente que ha de ser liberada; podemos representarlo esquemáticamente de la siguiente manera:

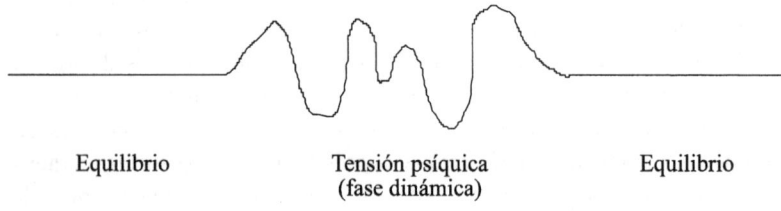

Equilibrio   Tensión psíquica   Equilibrio
              (fase dinámica)

Cuando el camino hacia la consecución del nuevo equilibrio, es decir, hacia la consecución de un objetivo, queda obstaculizado se produce la frustración, que genera una afectividad desagradable y hace que se desarrollen una serie de conductas ante la frustración, como por ejemplo la agresión.

En situación de formación el docente considera que el alumno está motivado si desea hacer, y hace, lo que él piensa que debería hacer, y no motivado si no lo hace, o es necesario obligarle a ello. Sin embargo no debemos hablar de alumnos no motivados. Toda conducta se halla motivada, incluso la de «mirar por la ventana», distrayéndose del trabajo del aula. Los alumnos siguen estando motivados, lo que sucede es que persiguen unos objetivos que no son los decididos por el docente, no se hallan motivados para hacer lo que el docente ha decidido.

Siendo la formación una situación de expresión de conductas, es muy importante la motivación, pues difícilmente será eficaz la acción de formación si no existen necesidades sentidas de ella y objetivos claros capaces de satisfacer dichas necesidades. Además el grado en que se sienta la necesidad de formarse determinará el grado de interés, la actividad y participación en el curso.

Por otra parte, el alumno puede tener necesidades conscientes e inconscientes ajenas al desarrollo del curso; estas necesidades pueden originar comportamientos que condicionen desfavorablemente la consecución del objetivo de la acción formativa.

Dada la importancia que la motivación tiene en cualquier proceso formativo es indispensable que los futuros docentes sepan qué factores influyen en la motivación de sus alumnos y qué métodos permiten estimularla facilitando así la consecución de los objetivos de aprendizaje.

Este capítulo recoge una serie de ejercicios que ayudarán al alumno a tomar conciencia de la importancia de la motivación en el proceso enseñanza-aprendizaje, así como a poner en práctica algunos métodos para estimular la motivación de los alumnos.

El primer ejercicio «Por qué merece la pena esforzarse» permite que el alumno tome conciencia de cuáles son sus necesidades en ese momento y de cómo las necesidades de cada persona se distribuyen en función de características personales y de la situación concreta de cada uno. Los ejercicios segundo «Incremento de la motivación de logro» y tercero «Brillantes pero apáticos» son dos estudios de casos en los que para darle solución habrá que poner en práctica e idear varios métodos para estimular la motivación. Finalmente el último ejercicio «Conductas ante la frustración» trata de un juego de roles en el que los alumnos representan algunas de estas conductas para luego analizar su incidencia en la situación de formación y en las motivaciones.

DINÁMICA 1: POR QUÉ MERECE LA PENA ESFORZARSE

1. Objetivo

Comprobar cómo las motivaciones de cada uno se distribuyen en los diferentes escalones de la pirámide de Maslow, y cómo se puede estar motivado por aspectos que pertenecen a diferentes niveles según las necesidades de cada uno.

2. Instrucciones

- Cada alumno de forma individual señala lo que más le motiva ordenando las frases del cuestionario del 1 al 20 y marcando luego las 5 primeras en las categorías de la pirámide de Maslow
- Comentario en el grupo sobre el significado del cuestionario y la saturación de cada uno de los niveles.

3. Material

Tarea 1:
Elija, de entre las frases que siguen, las que más le motivan actualmente; las que le animan a seguir trabajando cuando las cosas se ponen cuesta arriba; las que despiertan su interés o preocupación, hoy por hoy. Ordénelas del 1 al 20.

Tarea 2:
Una vez conocida la pirámide de Maslow, señalar personalmente las 5 primeras frases que más le motivan, atendiendo al nivel de la pirámide de Maslow a que pertenecen.

1. Ganar dinero para satisfacer las necesidades elementales.

2. Asegurar mi jubilación y el porvenir de mi familia.

3. Estar integrado en un buen grupo social.

4. Tener un trabajo interesante y variado, que me enriquezca.

5. Un puesto de trabajo cuya importancia sea reconocida.

6. Un empleo estable en una sólida empresa.

7. Gozar de buena salud, que es lo más importante.

8. Trabajar en lo que sé y me gusta.

9. Una remuneración justa, adecuada a mi valía y esfuerzo.

10. Un buen servicio médico que cubra la salud de los míos.

11. Participar en reuniones y estar al tanto de todo.

12. Disfrutar de autonomía en el desarrollo de mi trabajo.

13. Cobrar una buena renta, avalada por el Estado.

14. Ver segura mi calificación profesional.

15. Ganar lo necesario para comprar una vivienda propia.

16. No tener que avergonzarme nunca de mis actos.

17. Pertenecer a una importante organización.

18. Poder cumplir sencillamente con mis obligaciones.

19. Tener paz en la familia.

20. Ser estimado en la empresa como persona y profesional.

Categorías de la pirámide de Maslow. Marcar al margen los motivos señalados en el cuestionario:

«Supervivencia» (fisiológicas).
1. Ganar dinero para satisfacer las necesidades elementales.
7. Gozar de buena salud, que es lo más importante.
15. Ganar lo necesario para comprar una vivienda propia.
19. Tener paz en la familia.
(Otras, entendidas como supervivencia).

«Seguridad»
2. Asegurar mi jubilación y el porvenir de mi familia.
6. Un empleo estable en una sólida empresa.
10. Un buen servicio médico que cubra la salud de los míos.
13. Cobrar una buena renta, avalada por el Estado.
(Otras, entendidas como seguridad)

«Pertenencia» (afiliación).
3. Estar integrado en un buen grupo social.
11. Participar en reuniones y estar al tanto de todo.
14. Ver segura mi calificación profesional.
17. Pertenecer a una importante organización.
(Otras, entendidas como pertenencia).

«Reconocimiento» (estima).
5. Un puesto de trabajo cuya importancia sea reconocida.
9. Una remuneración justa, adecuada a mi valía y esfuerzo.
16. No tener que avergonzarme nunca de mis actos.
20. Ser estimado en la empresa como persona y profesional.
(Otras, entendidas como reconocimiento).

«Autorrealización»
4. Tener un trabajo interesante y variado que me enriquezca.
8. Trabajar en lo que sé y me gusta.
12. Disfrutar de autonomía en el desarrollo de mi trabajo.
18. Poder cumplir, sencillamente, con mis obligaciones.
(Otras, entendidas como autorrealización).

4. Análisis

Una vez señalados los 5 primeros motivos y si es necesario dos más, ver qué escalón de la pirámide de Maslow está saturado para cada alumno y así saber a que nivel de necesidades se encuentra cada uno.

Comentar que la saturación de cada uno de los escalones significa que las necesidades correspondientes a ese escalón están satisfechas, y que por lo tanto se activan necesidades del escalón siguiente en la pirámide de Maslow.

DINÁMICA 2: ESTUDIO DE UN CASO.
BRILLANTES PERO APÁTICOS*

1. Objetivo

Aplicar en la resolución de este caso diferentes métodos para estimular la motivación.

2. Instrucciones

- Distribuir a los alumnos en grupos de 5 miembros.
- Cada grupo buscará una solución para el caso que se plantea aplicando los conocimientos sobre métodos para estimular la motivación.
- Comentario de la solución propuesta por cada grupo en la clase analizando posibles consecuencias de cada una de las soluciones propuestas.

3. Material

Imaginemos que varios de los alumnos con que contamos este año no se interesan por la escuela. Parecen lo suficientemente brillantes pero rara vez terminan los trabajos que se les entregan, traen hechas de su casa sus tareas o terminan sus exámenes. Tienden así mismo a llegar al aula sin los preparativos pertinentes. No traen papel, pluma o lápices. Por lo que parece, se pasan la vida esperando a que pase el tiempo y puedan decir adiós a la escuela.

4. Solución

Al hacer el análisis de los comentarios de las soluciones propuestas por los diferentes grupos, el docente deberá hacer hincapié en los tres grandes métodos para estimular la motivación:

- Estimulación de la curiosidad.
- Empleo de la cooperación - competición.
- Empleo de la enseñanza individualizada.

* Tomado de Woolfolk, A.E.; McCune, L. (1989). *Psicología de la educación para profesores*. Madrid: Narcea.

DINÁMICA 3: ESTUDIO DE UN CASO.
INCREMENTO DE LA MOTIVACIÓN DE LOGRO*

1. Objetivo

- Aplicar diferentes recursos motivacionales en la resolución de este caso para incrementar en los alumnos la motivación por el logro.
- Utilizar la competición como método para estimular la motivación.

2. Instrucciones

- Distribuir a los alumnos en grupos de 5 miembros.
- Cada grupo buscará una solución para el caso que se plantea aplicando los conocimientos sobre métodos para estimular la motivación.
- Comentario de la solución propuesta por cada grupo en la clase analizando posibles consecuencias de cada una de las soluciones propuestas.

3. Material

Imaginemos que los alumnos de este año parecen carecer casi totalmente de motivación de logro, al menos en la forma en que se aprecia a través del sistema tradicional de calificación. Se sabe que esos alumnos pueden obtener resultados mejores que los que consiguen pero de alguna manera han llegado a pensar que la competición es nociva. Parecen creer que un 5 es la mejor de las notas posibles. Sospechamos que tales ideas fueron estimuladas por el profesor que tuvieron casi todos el año pasado.

4. Solución

Comentar las soluciones propuestas por los grupos y sus consecuencias, canalizándolas hacia:

- Utilización de la competición de forma grupal, de manera que lo que consiguiera un miembro del grupo repercutiera en todos los demás, y la competición entre los grupos de la clase (competición intergrupal, cooperación intragrupal).

* Tomado de Woolfolk, A.E.; McCune, L. (1989). *Psicología de la educación para profesores*. Madrid: Narcea.

- Utilización de motivación extrínseca (diferente a las calificaciones).
- Trabajos en grupos.

DINÁMICA 4: JUEGO DE ROLES, CONDUCTAS ANTE LA FRUSTRACIÓN

1. Objetivo

Comprender el comportamiento ante la frustración, mediante el juego de roles afectivo y vivencial.

2. Instrucciones

- Explicar primero las conductas asociadas a la frustración asegurándose de que todo el mundo las comprenda.
- Formación de grupos de 6 a 8 participantes.
- Leer las instrucciones para los grupos y darles 1 hora de tiempo para la preparación.
- Juego de roles: cada grupo actúa durante 15 minutos; los otros participantes representan en cada caso al público indicado.
- El público adivina las conductas representadas.

Instrucciones para los grupos

Su tarea consistirá en prepararse durante una hora para ofrecer, en forma escénica, no como conferencia, y ante un público definido, por los menos una de las conductas ante la frustración descritas.
Hay que observar las siguientes condiciones y advertencias:

- Dispondrán de 15 minutos para la realización.
- Todos los participantes del grupo tienen que participar en la representación.
- La forma de representación se deja a su elección.
- La selección de las conductas a representar queda igualmente a su elección.

Los grupos representarán las conductas asociadas a la frustración ante los siguientes públicos, que en cada caso son representados por los otros grupos y el equipo:

- GRUPO 1: Una asamblea de sordomudos de unos 20 años de edad y con un nivel cultural elevado, procedentes de una competente escuela de sordomudos.
- GRUPO 2: Una comuna.
- GRUPO 3: Una asamblea de maestras de jardines de infancia, que quieren perfeccionarse en psicología.
- GRUPO 4: Una reunión de clérigos del decanato, es decir, párrocos tranquilos de mediana edad.

3. Análisis

Debate sobre las conductas ante la frustración.

- Implicaciones en la formación de las conductas ante la frustración.
- ¿Cómo consiguieron los grupos representar las conductas ante la frustración?
- ¿Cuántas veces se representa el propio comportamiento?

Capítulo 9

GRUPOS

INTRODUCCIÓN

Debemos comenzar intentando dar respuesta a la siguiente pregunta: ¿Cuándo un conjunto de personas se convierte en un grupo? Como señala Shaw (1976), pueden definirse los grupos en función de una o más de las siguientes características:

1. Percepciones y cogniciones de los miembros del grupo.
2. Motivación y satisfacción de necesidades.
3. Metas del grupo.
4. Organización del grupo.
5. Interdependencia de los miembros del grupo.
6. Interacción.

Cada una de estas características se centra en un aspecto significativo del concepto de grupo, que da lugar a las diferentes definiciones de grupo.

Existen en la literatura intentos globalizadores que integran diversas características esenciales para delimitar el concepto de grupo. Proshansky y Seidenberg (1965) señalaban que el término grupo hace referencia a dos o más individuos que pueden ser caracterizados colectivamente porque:

- Comparten un conjunto de normas, valores y creencias comunes.
- Mantienen relaciones implícitas o explícitas de tal manera que la conducta de cada uno de ellos tiene consecuencias para la de los demás.
- Esas dos propiedades anteriores tienen consecuencias para la interacción de los individuos que están similarmente motivados con respecto a algún objetivo o meta específica.

Más recientemente Bar-Tal (1990) establece tres condiciones para que un determinado colectivo se convierta en un grupo:

1. Que los componentes de ese colectivo se definan como miembros del grupo.
2. Que compartan las creencias grupales.
3. Que exista algún grado de actividad coordinada

Igualmente se pueden clasificar los grupos según diferentes criterios, pero los más importantes hacen referencia a las siguientes dimensiones:

- Dimensión temporal, que incluye dos tipos de grupos, permanentes y temporales o grupos «ad hoc».
- Otra dimensión es la que se refiere al nivel de formalidad de los grupos donde se diferencian dos tipos: formales e informales.
- Y la tercera dimensión hace referencia a la finalidad para la que se crean los grupos, por ejemplo, producción, solución de problemas, cambio y desarrollo organizacional, formación, etc.

Teniendo como marco referencial estas tres dimensiones podemos encuadrar los grupos de formación de formadores como grupos temporales, ya que tienen una duración limitada, son grupos que tienen un principio y un fin, formales porque son grupos orientados a la consecución de unos objetivos y cuya finalidad es la formación.

Las fases de formación y desarrollo de un grupo están ampliamente definidas:

- Existe una fase inicial o individualista donde dominan las relaciones interpersonales, se establecen las normas, la participación de los miembros es vacilante, esta fase es importante para el posterior desenvolvimiento del grupo.
- La segunda fase es la identificación progresiva del grupo que se caracteriza por la tendencia a formar subgrupos y por una toma de conciencia progresiva o interiorización de la situación.
- Y por último la fase de desarrollo de la cohesión del grupo; aquí existe una consolidación del grupo como tal, un alto grado de colaboración entre los miembros y un aumento de la eficacia y del rendimiento.

Por tanto podemos decir que el rendimiento del grupo depende del grado de cohesión que alcance el grupo, y este grado a su vez depende de tres variables:

1. Vivencia de la pertenencia al grupo, es decir, el grado en que un individuo se siente pertenecer a ese grupo y lo vivencia como propio.

2. Del tipo de dirección (liderazgo).
3. De las normas del grupo.

El grado de pertenencia al grupo dependerá a su vez de:

1. Satisfacción de las necesidades personales.
2. Comunicación interna del grupo.
3. Relaciones afectivas del grupo.

A su vez, el formador cuenta con procedimientos desarrollados en el campo de la dinámica de grupos que ayudan a fomentar la participación activa de los alumnos durante el aprendizaje y es lo que conocemos como técnicas de dinámica de grupos.

Las técnicas son procedimientos o instrumentos para desarrollar y organizar la actividad del grupo y para la consecución de los objetivos. Las técnicas más utilizadas en formación de formadores son: comisión, mesa redonda, debate dirigido, phillips 66, torbellino de ideas, *role playing*, simulación...

La doble tarea que nos planteamos en formación de formadores al tratar el tema de dinámica de grupo es por una parte facilitar al máximo la consecución de la fase de cohesión, puesto que como hemos comentado aumenta la eficacia y el rendimiento y por tanto es un excelente facilitador del aprendizaje, y por otra servir de modelos a nuestros alumnos para la puesta en práctica de sus futuros grupos de formación. Para ello contamos con una serie de dinámicas que desarrollamos a continuación donde ponemos de manifiesto cómo se organizan los grupos con el «Misterio del secuestro», cómo se comportan los grupos y cómo se desarrolla la cooperación dentro de un grupo con la «Construcción de una torre», la importancia del trabajo en grupo con el «Caso Nasa» y las «Figuras de Poffemberger», la cooperación y representación de roles con el «Grupo en imagen», la sustitución de la competición por cooperación en los grupos con el «Árbol genealógico», el surgimiento de subgrupos con el «Juego de Negros y Rojos», cómo influyen la información y los prejuicios con el caso «Martina Leroy», favorecer el conocimiento de los miembros del grupo y la cohesión con «Las prioridades».

DINÁMICA 1: EL MISTERIO DEL SECUESTRO

1. Objetivo

Analizar la organización de los grupos.

2. Instrucciones

Este juego incluye 17 pistas. Escribir cada pista en una ficha o papel. Colocar al grupo en círculo y procurar que cada alumno tenga por lo menos una pista. Si faltan pistas, dar la misma a dos alumnos, y si sobran dar dos a algunos. Se puede dividir al grupo en dos mitades haciendo lo mismo paralelamente.

Pistas

1. El avión fue secuestrado la tarde del 14 de agosto.
2. El avión fue obligado a volar sobre las islas Fayal (Azores) donde el secuestrador se tiró en paracaídas durante la noche.
3. Dos días después del secuestro, la policía de Fayal arrestó a cinco mujeres francesas que respondían a la descripción hecha del secuestrador.
4. Ana Martín demuestra un gran interés por los festivales religiosos de las islas Azores.
5. Elisa López es una arqueóloga cuya hipótesis es que el hombre originariamente proviene de las islas Fayal y realiza excavaciones en busca de pruebas.
6. A Bárbara Bans se le busca por la venta de 50 kg de marihuana.
7. Felisa Díaz se había enamorado de un nativo cuando éste se hallaba estudiando en la Sorbona.
8. Matilde Marcos es la secretaria de Bárbara Bans.
9. La arqueóloga tiene cabello negro y ojos marrones.
10. Matilde Marcos llegó por primera vez a la isla el 16 de agosto.
11. La policía informó de que un mes antes había llegado a la isla una chica con un perro grande y extraño en un bote desde Canarias.
12. La policía encontró a Elisa López desenredando un paracaídas de un árbol.
13. La chica enamorada del nativo tiene un perro pastor cruzado con galgo, por nombre Reser.
14. El secuestrador tiene cabello marrón y ojos azules.
15. La hermana del pastor protestante y su secretaria llegaron a la isla por barco desde las Canarias.
16. El secuestrador se escapó de un hospital mental en Francia.
17. El hermano de Barbara Bans es el pastor protestante y lleva viviendo en la isla más de un año.

Dar la orden de empezar, retirarse después; empieza a contar el tiempo. Observar y toma nota de cuanto realizan que suponga ayuda, y de lo que signifique entorpecimiento. Deja transcurrir 30 minutos; si están confusos y frustrados, detener el trabajo y dar la solución. Si terminan antes de los 30 minutos asegurarse de que todos estén de acuerdo. Luego, comprobar la respuesta e indicar el tiempo que han invertido.

3. Material

Cada uno tiene una nota informativa que puede ser útil o no para encontrar la solución al misterio. Vuestro trabajo consiste en analizar la información y llegar juntos a una respuesta correcta. Podéis discutir la información recibida, pero no podéis pasar las notas ni enseñarlas a los demás. Os mediré el tiempo para ver con qué rapidez solucionáis el problema. El misterio es el siguiente: «Un avión que volaba de París a Madrid fue secuestrado». Vuestro trabajo consiste en encontrar entre los sospechosos que tiene la policía, quién es con mayor probabilidad el secuestrador.

4. Solución

Ana Martín. Todos los demás tienen buenas coartadas.

5. Análisis

El animador dirige un diálogo sobre la organización, analizando todo cuanto hicieron para compartir la información.

- ¿Cómo se evitó que todos hablaran a un mismo tiempo?
- ¿Hubo necesidad de un líder formal?
- ¿Se perdió tiempo organizándose?
- ¿Hubo problemas porque alguien no compartía sus pistas?
- ¿Hubo miembros que ignoraban las pistas de otro?
- ¿Qué pudisteis hacer para aseguraros de que se compartían todas las pistas?
- ¿Se incluyó a todos los miembros en el trabajo para solucionar el problema?
- ¿Se dieron soluciones erróneas porque no se tuvieron en cuenta todas las pistas?

DINÁMICA 2: CONSTRUCCIÓN DE UNA TORRE

1. Objetivo

- Conocimiento de las formas típicas de comportamiento de los miembros de un grupo.
- Desarrollo de la cooperación dentro de un grupo.
- Formación de la identidad de grupos y espíritu de competición.
- Explicación del efecto de diversos modelos de organización en el funcionamiento de un grupo.
- Cooperación dentro de un grupo en competencia con otros grupos; si se desea comprobar la capacidad de cooperación, debe aumentarse la cohesión.

2. Instrucciones

Construcción de una torre con el siguiente material disponible.

- Cuatro cartulinas grandes.
- Una regla.
- Unas tijeras.
- Un lápiz.
- Un bote de pegamento.
- Una goma de borrar.
- Cuatro folios para borrador.
- Una hoja de instrucciones para cada grupo.
- Guión de observación para los observadores.

Se forman dos grupos de trabajo (han de ser de 8 miembros aproximadamente).

De cada grupo se elige un miembro del jurado y uno o dos observadores cuya misión consiste en informar después con la mayor exactitud posible sobre las incidencias del grupo durante el ejercicio.

Los observadores no toman parte en el trabajo.

El miembro del jurado abandona el grupo inmediatamente.

La estructuración de los grupos en un caso se deja a cargo de los miembros totalmente y en otro se procede como sigue: un miembro del grupo es nombrado jefe (maestro de obras); le asisten un equipo de planificación, un equipo cortador y un equipo encargado del pegamento.

Los grupos compiten entre sí. Queda vencedor el grupo que obtenga mejor calificación del jurado.

Al cabo de una hora de trabajo las torres han de ponerse anónimamente a disposición del jurado para el dictamen.

El jurado emite su juicio sobre la mejor torre según estos criterios: altura, estabilidad y originalidad.

Los miembros del jurado abandonan los grupos y se reúnen para precisar los tres criterios mencionados.

El jurado delibera durante 10 minutos y da su veredicto.

3. Material

Hoja de instrucciones para cada grupo

Disponéis de una hora de tiempo para construir una torre entre todos, exclusivamente con el material que está a vuestra disposición.

La torre tiene que sostenerse sobre su propia base, es decir, no puede estar apoyada sobre la pared, ni sobre otro objeto, ni colgarse del techo. Tiene que ser lo suficientemente firme como para poder aguantar la regla sin caerse.

Esto es un juego de competición. Ganará el mejor.

Las torres serán examinadas por un jurado que las calificará según tres criterios: altura, estabilidad y originalidad.

Podéis pegar, cortar, unir, etc, el material como queráis, pero con una sola regla de juego: *ninguna de las tiras puede ser más larga o más ancha que las medidas de la regla.*

Cuando terminéis, en el plazo máximo de una hora, entregaréis vuestra torre al docente o al observador. Lo haréis de modo que vuestro trabajo sea anónimo, sin signo alguno que lo identifique. El docente lo entregará al jurado, quién no conocerá de qué grupo es la torre.

Terminado el trabajo, el jurado deliberará, luego nos reuniremos todos.

Guión de observación para los observadores

He aquí algunas preguntas que pueden servir en su tarea como observadores:

- ¿Cómo se ha organizado el grupo de trabajo? ¿Existía alguna estructura? ¿Cómo han reaccionado los miembros del grupo?
- ¿Cómo procedió el grupo en su estructuración? ¿Se nombró un jefe? ¿Cómo?
- ¿Se repartieron tareas o funciones dentro del grupo? ¿Cuáles?

- ¿Cómo ha sido el clima de trabajo? ¿Pudieron considerarse las distintas propuestas?
- ¿Han participado todos en el trabajo? ¿Ha habido algún miembro del grupo cuyas ideas no fueron atendidas?
- ¿Ha habido tensiones en el grupo? ¿Hubo mucha discusión entre ellos?
- ¿Quién aportó más ideas o ayudó mejor al grupo para el trabajo?
- ¿Estuvo el grupo motivado para la realización de la tarea? ¿Estaba claro el objetivo del ejercicio?
- ¿Cómo se han tomado las decisiones más importantes?

4. Análisis

Los observadores comentan su informe.

Diálogo general sobre el contenido de las observaciones y sobre el ejercicio, el docente aprovechará este diálogo para resumir la necesidad de organizarse para ser eficaces.

La cohesión en los grupos.

En la vida y en la historia de todo grupo entran en juego diversas fuerzas que impulsan su dinámica en una de estas dos vías: para una mayor cohesión y unidad o bien para la disgregación, ruptura y el final de la vida del grupo como tal.

De otro modo, la evolución está en relación con el grado de cohesión que tengan los miembros del grupo.

Se define la cohesión como la tendencia a mantenerse juntos. La condición necesaria para la eficacia del trabajo del grupo y para la satisfacción de las necesidades afectivas de sus miembros es: el grado de cohesión del grupo y su grado de madurez en cada momento. El mantener al grupo cohesionado es un objetivo importante que el animador de un grupo debe proponerse, y es también un factor a evaluar periódicamente.

Factores que favorecen la cohesión:

- Existencia de objetivos.
- Que los objetivos sean motivadores.
- Que hayan sido determinados con la participación de todos los miembros del grupo y no impuestos desde fuera.

- Existencia de un clima de flexibilidad respecto al modo como el grupo intenta alcanzar los objetivos.
- El interés y el entusiasmo por parte de todos en la consecución de los objetivos.
- La satisfacción que producen los éxitos que el grupo ha alcanzado en los objetivos propuestos.
- El sentido de grupo o espíritu de equipo, que refuerza el sentimiento de pertenencia a un grupo.
- La reformulación de los objetivos y su revalorización con el paso del tiempo, o el cambio de las situaciones, que requiere que el grupo tome de nuevo conciencia de sus metas o las modifique.

DINÁMICA 3: JUEGO ESPACIAL DE LA NASA

1. Objetivo

- Demostración del provecho del rendimiento del grupo y de la decisión por consenso.
- Repercusiones de los modos de trabajo en la calidad de la decisión.
- Confrontación de conclusiones y soluciones al problema por parte de personas individuales y del grupo cuando domina la incertidumbre.

2. Instrucciones

El ejercicio consta de dos fases:

Primera fase

La primera fase es completamente individual, cada uno se elabora su propia escala de importancia, se numeran del 1 al 15 todos los objetos, siendo el 1 el más importante y el 15 el menos importante (tiempo 15 minutos aproximadamente).

Segunda fase

En la segunda fase los alumnos se distribuyen en grupos. Cada grupo dispone de 45 minutos para fijar una nueva escala de importancia de los objetos. Pero, al hacerlo, deben observar las siguientes reglas : deben tenerse en cuenta las opiniones de todos los miembros del equipo, pero la decisión, en lo posible, ha de lograr la unanimidad.

Los pasos a seguir en este ejercicio son:

- Reparto de las hojas de instrucciones para el trabajo individual a cada participante y realización, sin comunicación entre si.
- Distribución en grupos de 6 - 8 participantes y reparto de las hojas de instrucciones para la decisión colectiva a cada participante y anotación de los resultados individuales de cada compañero (hoja de recogida de datos grupal).
- Elaboración del consenso sobre el orden jerárquico en los grupos.
- Reparto de la solución propuesta a cada grupo y anotación de las desviaciones individuales y del grupo.
- Comparación de los resultados y discusión en gran grupo.

La duración total es de una hora aproximadamente.

3. Material

Las probabilidades de sobrevivir dependen de que en este juego acertéis a elegir los aparatos y equipos adecuados para una expedición lunar:

Cada uno de vosotros formáis parte de la tripulación de una nave espacial que va a reunirse con la «nave nodriza» en la superficie iluminada de la luna.

A causa de unas dificultades mecánicas que surgen, vuestra nave espacial ha de alunizar en un lugar que dista unos 350 km del sitio donde tenía que encontrarse con la otra nave.

Durante el alunizaje, gran parte del equipaje que llevabais, quedó inutilizable; y puesto que vuestra supervivencia depende de que podáis llegar a la «nave nodriza», habéis de seleccionar el material más importante para llevarlo, dejando lo menos importante.

A continuación se indican los objetos y aparatos que quedaron ilesos después del alunizaje forzado. El trabajo a realizar consiste en ordenarlos de acuerdo con su importancia y utilidad para poder llegar al punto de encuentro con la «nave nodriza».

PRIMERA PARTE DEL EJERCICIO

Estos son los objetos que quedaron ilesos después del forzado alunizaje. Enuméralos por orden de importancia guiándote de lo que sabes y de tu sentido común. No hacen falta conocimientos especiales de ningún tipo para ello. Escribe en las casillas de la izquierda el orden de importancia que atribuyes a cada objeto:

HOJA DE RECOGIDA DE DATOS. INDIVIDUAL

	Cerillas.
	Alimentos concentrados.
	25 metros de soga de nylon.
	Tela de paracaídas.
	Calentador de alimentos.
	Dos pistolas del 45.
	Una caja de leche en polvo.
	Dos tanques de oxigeno.
	Un mapa lunar.
	Un bote salvavidas.
	Una brújula.
	25 litros de agua.
	Luces de bengala.
	Botiquín de urgencias.
	Receptor-emisor de ultracorta, alimentado con energía solar.

SEGUNDA PARTE DEL EJERCICIO

Se trata de un trabajo en grupo; se entrega la hoja de recogida de datos y comienza cada participante diciendo a los otros miembros del grupo el orden de importancia que otorgó al material salvado. Los demás lo anotan en la cuadrícula de la izquierda de la columna que corresponde a cada miembro del grupo, previa adjudicación convencional de las columnas.

Se realiza después la discusión para llegar a un acuerdo del grupo y se escribe en la columna grupo el orden de importancia que el grupo como tal concede a cada objeto.

HOJA DE RECOGIDA DE DATOS. GRUPAL
CASO NASA

NOMBRES							GRUPO	NASA	DESVIAC.
Caja de Cerillas									
Comestibles Conc.									
20 m. soga nylon									
Tela paracaídas									
Calentados alim.									
2 pistolas «cal.45»									
1 caja leche en polvo									
2 Oxígeno por tripul.									
1 mapa luna									
1 bote salvavidas									
1 brújula									
25 litros de agua									
luces bengala									
Botiquín									
Radio (recep-emis.)									
TOTAL									

TERCERA Y CUARTA PARTES DEL EJERCICIO (SOLUCIÓN)

En la columna de la hoja de recogidas de datos, donde pone NASA, se ponen las siguientes puntuaciones:

15 - 4 - 6 - 8 - 13 - 11 - 12 - 1 - 3 - 9 - 14 - 2 - 10 - 5 - 7

En la columna siguiente donde pone desviación, se anotan las diferencias entre estas puntuaciones y las del grupo (siempre con signo positivo) e igualmente con las puntuaciones de cada uno de los miembros; luego se suman las diferencias obtenidas y se ponen al pie de cada una de las columnas.

Finalmente se establece la desviación de las puntuaciones individuales de cada miembro con las puntuaciones de la NASA, y se suman estas desviaciones.

Ejemplo:

El miembro 1 del grupo ha asignado el puesto 10 a las cerillas y el puesto 7 a los alimentos concentrados. La verdadera solución eran respectivamente los puestos 15 y 4. Las diferencias entre la estimación acertada y la solución correcta son respectivamente 5 y 3. Suma 8.

Cuanto más pequeña sea la suma de las 15 diferencias, tanto más acertada es la solución propuesta por un miembro o el grupo.

Compruebe si se cumple la hipótesis siguiente:

En la solución de determinados problemas el peor de los grupos es mejor que el mejor de sus componentes

4. Análisis

1. Poner de manifiesto que la tarea realizada en grupo es «casi siempre» mejor que la realizada de forma individual (la suma total de las desviaciones de la columna grupo suele ser más baja que la suma de las desviaciones de las columnas individuales).

2. En los casos en que un individuo obtenga una puntuación más baja que la del grupo (mejor rendimiento que el grupo), analizar cuál ha sido el comportamiento individual y grupal.

3. Analizar las formas de organización del trabajo en cada uno de los grupos.
4. ¿Cómo se llegó a la toma de decisiones grupal?.

DINÁMICA 4: GRUPO EN IMAGEN

1. Objetivo

- Representación de roles y posiciones en un grupo de manera cooperativa y no verbal.
- Diagnóstico de la cohesión de un grupo.

2. Instrucciones

- División en dos subgrupos.
- Cada subgrupo recibe material de dibujo para que mediante imágenes representen a todo el grupo (sin nombres) de la manera más característica posible.
- El tiempo para la realización será de 45 minutos.
- Reunión de todo el grupo para comentar las imágenes (15 minutos).
- Instrucción adicional: no hablar unos con otros, cada grupo se representa en relación con los otros grupos.

3. Material

Por cada subgrupo: una cartulina de dibujo, diversos rotuladores de colores, una hoja de instrucciones (opcional y confeccionable según la realización).

4. Análisis

Los comentarios grupales sobre las imágenes iniciarán el análisis sobre los roles que representa cada miembro dentro del grupo.

DINÁMICA 5: EL ÁRBOL GENEALÓGICO

1. Objetivos

- Estudiar la existencia de tensiones y agresividad en los grupos.
- Sustitución de competición por cooperación.
- Demostrar la necesidad de organización del trabajo en los grupos.

2. Instrucciones

- La tarea de los alumnos consiste en construir un árbol genealógico a partir de la información contenida en 28 tarjetas.
- Se forman dos grupos y a cada uno se le facilitan 14 tarjetas (del total de 28). Para construir el árbol genealógico será necesario conseguir la información que posee el otro grupo.
- Cada grupo pondrá precio a cada una de sus tarjetas o a la información que contienen. Para conseguir datos será necesario entrar en contacto con el otro grupo y darles la «moneda» que pidan para comprarles la información. Las monedas deben ser simbólicas, no vale dinero real.
- Una vez pedida la información hay obligación de pagar la moneda, no se podrá eludir pidiendo otra información. Una vez entregada la moneda es obligatorio entregar la información.
- Un grupo puede negarse a una petición que le hayan hecho. Puede responder que suspende por algún motivo las operaciones.
- Está prohibido intercambiar dos informaciones sin pagar precio.

3. Material

Tarjetas para el árbol Genealógico

1. Uno de los hijos de MÓNICA se llama LUCAS.
2. El sobrino de MÓNICA se llama CRISTOBAL.
3. El hijo más pequeño tiene 8 años.
4. El primo de LUCAS tiene 10 años.
5. El abuelo paterno de CRISTOBAL tiene 66 años.
6. El abuelo de PEDRO se llama SANTIAGO BERLÍN.
7. El hermano del electricista se llama ROBERTO.
8. La señora BERLÍN se llama LUCÍA.

9. El padre de familia numerosa se llama EMILIO.
10. CRISTÓBAL es hijo único.
11. La mujer de ROBERTO es mecanógrafa.
12. EMILIO LETOUR tiene 41 años, dos más que su mujer.
13. Los dos hijos tienen 10 y 12 años respectivamente.
14. COLLETTE es la hija pequeña.
15. SILVIA es hermana de LUCAS, COLLETTE Y PEDRO.
16. La familia numerosa está formada por 4 hijos.
17. El padre de LUCAS es electricista.
18. ROBERTO tiene 35 años.
19. El abuelo paterno de PEDRO se llama ALFREDO.
20. El padre del hijo único se llama LETOUR.
21. La mujer de ALFREDO se llama LUISA.
22. El tío de PEDRO es maestro.
23. MÓNICA se ha casado con EMILIO LETOUR.
24. Uno de los abuelos tiene 64 años y su esposa tiene la misma edad.
25. La nuera de ALFREDO LETOUR es dependiente.
26. La cuñada de MÓNICA tiene 29 años.
27. La mecanógrafa se llama CLAUDINA.
28. LUCAS tiene 15 años.

4. Solución

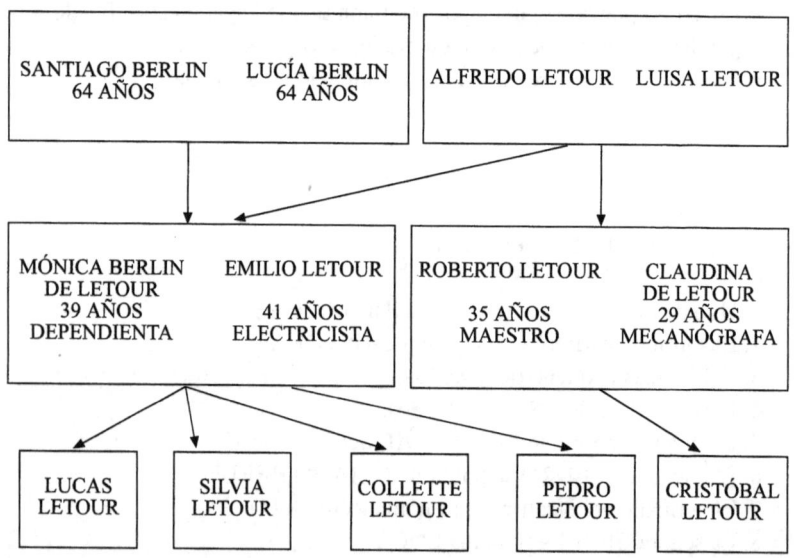

5. Análisis

- Destacar el contraste entre cohesión y distancia, entre solidaridad intragrupal y rivalidad intergrupal, entre cooperación y competición.

  La cooperación puede definirse como un trabajo conjunto de varias personas para conseguir un objetivo común. Para ello son imprescindibles los siguientes aspectos: conocimiento del problema a resolver, saber lo que el individuo o el grupo puede aportar a la solución del problema y darse cuenta de las posibles contribuciones de otro a la solución. Esto suele alcanzarse en el curso de un proceso de cooperación.

- Destacar la idea de que hay que considerar lo uno como complemento de lo otro, no como algo disfuncional, no apetecible o de menor calidad.
- Destacar las potencias positivas de los comportamientos de competición y rivalidad que se manifiestan frecuentemente en todos los grupos.

Puede servir como ayuda para el análisis las siguientes cuestiones:

- ¿Qué actitudes de negociación surgen en los grupos?
- ¿Qué teorías aparecen sobre el sentido del juego?
- ¿Cooperación frente a competición?
- ¿Modos de decisión en los grupos?

DINÁMICA 6: JUEGO DE ROJOS Y NEGROS

1. Objetivo

- Demostrar como dentro de un grupo pueden fácilmente (aunque no necesariamente) surgir subgrupos, cuando algunos de los miembros del grupo más amplio descubren en un momento dado que están unidos por unos mismos intereses.
- Demostrar cómo con facilidad, bajo determinadas condiciones, todos tendemos a formar un sentimiento del «nosotros».

2. Instrucciones

La norma suprema de este juego es «gane cuanto pueda».

- Se divide la clase en cuatro grupos (mejor parejas) colocados de tal modo que todos puedan discutir con todos, pero separados por grupos, de tal manera que cada grupo pueda decidir su estrategia sin que lo oigan los otros grupos.

- Cada jugador recibe su hoja de material y cuenta con tres minutos para repasar el material del juego.
- Cada uno de los cuatro grupos recibe al iniciarse el juego 75 puntos (fichas) de los cuales debe depositar en la banca 50 antes de que comience el juego.
- El docente será el director del juego y se hace responsable de la banca.
- El juego consta de 10 rondas, en cada ronda cada grupo debe escoger entre dos colores «rojo» o «negro».
- La elección hecha no puede darla a conocer cada grupo hasta que el director del juego lo diga.
- Una vez que todos los grupos han escogido su color, cada grupo gana o pierde puntos según el cuadro de ganancias o pérdidas que aparece a continuación.
- Durante la elección del color cada grupo no puede consultar con otro grupo, salvo en las rondas especiales en las que el director del juego se lo advertirá.
- En cada ronda los grupos disponen de 1 minuto para tomar su decisión.
- Hay 3 rondas especiales: las rondas 5, 8 y 10. En ellas los grupos pueden discutir entre sí la marcha del juego durante 3 minutos, luego deben tomar su decisión como en el resto de las rondas, en 1 minuto.
- En cada ronda el director del juego recoge las decisiones de cada grupo y cada grupo anota en su hoja - marcador las ganancias o pérdidas y recibe del director del juego los puntos ganados o devuelve los perdidos a la banca.
- En la ronda 5 se triplican los puntos ganados y perdidos de todos los grupos, en la ronda 8 se multiplican por cinco y en la ronda 10 se multiplican por diez.
- Al final del juego los grupos hacen liquidación con el director del juego sobre los puntos ganados o perdidos. Si queda algún punto en la banca es para el director del juego.

3. Material

El objetivo de este juego es «gane cuanto pueda».

El juego consta de 10 rondas, en cada ronda su grupo debe elegir, según las indicaciones del director del juego, el color «rojo» o «negro». En cada elección se ganan o pierden puntos. La cuantía de las ganancias o las pérdidas no sólo depende de la elección de su grupo, sino también de lo que hayan elegido los otros grupos, como muestra el siguiente cuadro de pérdidas y ganancias.

Posibles ganancias de cada ronda

ELECCIONES	PÉRDIDAS Y GANANCIAS
4 «Negros»	Cada pareja pierde 1 punto.
3 «Negros» 1 «Rojo»	Cada pareja que escoge «Negro» gana 1 punto. La pareja que escoge «Rojo» pierde 3 puntos.
2 «Negros» 2 «Rojos»	Cada pareja que escoge «Negro» gana 2 puntos. Cada pareja que escoge "Rojo" gana 2 puntos.
1 «Negro» 3 «Rojos»	La pareja que escoge «Negro» gana 2 puntos. Cada pareja que escoge «Rojo» pierde 1 punto.
4 «Rojos»	Cada pareja gana 1 punto.

Anote los resultados que va obteniendo su grupo en la siguiente hoja-marcador.

Hoja - marcador

Ronda	Tiempo	Consultar	Decisión	Puntos (+/-)	Sumas
1	1 min.	Con los compañeros			
2	1 min.	Con los compañeros			
3	1 min.	Con los compañeros			
4	1 min.	Con los compañeros			
5 Ronda especial	3 min. 1 min.	Con los grupos Con los compañeros		x 3	
6	1 min.	Con los compañeros			
7	1 min.	Con los compañeros			
8 Ronda especial	3 min. 1 min.	Con los grupos Con los compañeros		x 5	
9	1 min.	Con los compañeros			
10 Ronda especial	3 min. 1 min.	Con los grupos Con los compañeros		x 10	
			PUNTOS TOTALES		

4. Análisis

En este juego los jugadores pueden ganar los 200 puntos que están en juego, es decir toda la banca, pero sólo a condición de que todos los grupos sigan una estrategia común y dos de los grupos elijan «rojo» y otros dos «negro».

Si todos escogen en todas las rondas «rojo», cada grupo a lo largo de las 10 rondas ganará 25 puntos, pero si cada grupo trata de escoger «negro» por su cuenta (aparentemente más favorable ya que produce ganancia en tres de los cuatro casos), puede suceder que cada grupo pierda todo su capital inicial, 25 puntos (en caso de que todos los grupos escojan «negro» en todas las rondas). El director del juego se llevará toda la banca.

A lo largo del juego los grupos mantienen la esperanza de ganarle al director del juego todos los puntos, pero esto depende de que sigan o no una estrategia común y coordinada con todos los grupos. Sólo si adoptan una estrategia común el director del juego no ganará nada. Sólo mediante una buena coordinación puede ser máxima la ganancia común.

El objetivo del juego no decía más que «gane cuanto pueda». Una vez acabado el juego inicie una discusión sobre cómo entendía cada uno esa norma: ¿como objetivo para todo el grupo o como consigna para su propio grupo?

DINÁMICA 7: CASO MARTINA LEROY

1. Objetivo

Demostrar hasta qué punto puede ser influida una persona o un grupo por ciertos elementos de una información y por prejuicios.

2. Instrucciones

- El ejercicio tiene dos partes: la primera parte es individual y la segunda grupal.
- Se forman tres grupos de 5 miembros y cada uno elige un portavoz.
- Se reparte a cada miembro del grupo el «caso Martina Leroy» y el cuestionario sobre el caso.
- Se lee en voz alta el caso Martina Leroy.
- Cada miembro del grupo responde de forma individual al cuestionario sobre el caso (primera parte individual).
- Discutir en los grupos durante 20 minutos sobre el caso que se les propone, para llegar a conclusiones comunes que se consignarán como la respuesta grupal al cuestionario (segunda parte en grupo).
- Comentar en grupo las diferencias existentes entre las respuestas individuales y la respuesta grupal (segunda parte en grupo).
- El portavoz de cada grupo expone al resto de la clase un resumen con las conclusiones, aportaciones y respuestas de su grupo.
- Discusión en el grupo-clase sobre el porqué de las respuestas de cada grupo.

A cada grupo se le da el caso con uno de estos tres títulos:

1º Una víctima de circunstancias desgraciadas.
2º Una joven valerosa enamorada de la libertad.
3º Un carácter difícil.

Hay que tener en cuenta que cada título tiene una serie de implicaciones o conlleva un mensaje implícito:

1º Víctima de las circunstancias. Juicio favorable. Piedad y justificación de los rasgos negativos.
2º Reacción más positiva. Joven dinámica, no se deja abatir por las circunstancias.
3º Juicio negativo. Defectos incompatibles con su profesión.

3. Material

El caso Martina Leroy

Martina Leroy es una joven de 24 años, procedente de un medio acomodado, con buena presencia, algo coqueta y con una inteligencia normal. Abandonó sus estudios por falta de interés y de motivaciones.

No teniendo ningún diploma, es cuidadora de niños inadaptados. Sin embargo, sus objetivos no están muy bien definidos. Le gusta mucho discutir con otras personas. Con mucha frecuencia desea imponer su punto de vista. Su buen sentido es real y muchas veces tiene razón en lo que propone durante las discusiones en las que toma parte. En su trato con los niños se muestra con frecuencia, seca y muy severa. No tolera que se opongan a lo que ella ordena y de vez en cuando se enfada con ellos y les castiga con exageración sin que por ello sea necesariamente injusta. Algunos de estos excesos son inconscientes. Debido a que posee una cierta lucidez, consigue descubrir casi siempre a los verdaderos culpables cuando el grupo de niños que tiene a su cargo comete actos reprochables. Su distracción favorita es el cine; le gustan enormemente las películas sentimentales y a veces llora durante la proyección de las mismas. No está casada y pretende que los jóvenes no le interesan en absoluto. Hace dos años sufrió un desengaño amoroso, rompió con un joven hacia el cual se sentía atraída. Le unían a él lazos afectivos verdaderamente profundos y sufrió una gran decepción cuando se separó de él.

Sus cambios bruscos de humor son frecuentes y espectaculares y con frecuencia son producidos por una frustración procedente de su soledad en la vida.

Perdió a su padre siendo muy niña y prácticamente apenas tuvo más contactos con su madre, que volvió a casarse y le envía regularmente cierta cantidad de dinero.

No abandona fácilmente lo que emprende y en general llega hasta el final de sus iniciativas.

Tiene sentido de sus responsabilidades, aunque no las comparte con sus compañeros y no colabora con los demás miembros del personal, ya que es muy independiente y muy celosa de su libertad.

Cuestionario del caso Martina Leroy

- Conteste individualmente a las preguntas que se le proponen a continuación y escríbalas en la casilla correspondiente a la respuesta individual.
- Discuta con sus compañeros de grupo las respuestas de cada uno y traten de llegar a conclusiones comunes que serán consignadas en la casilla correspondiente a la respuesta grupal.
- Comente en grupo las diferencias entre las dos respuestas.

1. ¿Cuáles cree usted que son los principales defectos de Martina Leroy, teniendo en cuenta su edad, sexo y profesión?

Respuesta individual	Respuesta grupal

2. ¿Cuáles cree que son sus cualidades más importantes?

Respuesta individual	Respuesta grupal

3. Teniendo en cuenta sus circunstancias, ¿cuáles son las principales necesidades o problemas de Martina?

Respuesta individual	Respuesta grupal

4. ¿Cómo podría satisfacer estas necesidades o solucionar estos problemas?

Respuesta individual	Respuesta grupal

5. ¿Qué es lo que más le atrae de este personaje?

Respuesta individual	Respuesta grupal

6. Si Martina Leroy fuera la protagonista de una película ¿cómo se titularía el film? Elija uno de los títulos siguientes:
   A.- «Víctima de su pasado»
   B.- «Enamorada de la libertad»
   C.- «Un carácter difícil».

Respuesta individual	Respuesta grupal

7. ¿Por qué ha elegido este título?

Respuesta individual	Respuesta grupal

8. Si Martina Leroy existiera realmente, le gustaría que fuera:
A.- Su hija.
B.- Su amiga.
C.- Su novia o esposa.
D.- Su compañera de trabajo.
E.- No querría que estuviera cerca en ningún aspecto de su vida.
¿Por que le gustaría que fuera ese personaje?

Respuesta individual	Respuesta grupal

9. Si Martina Leroy existiera, ¿le gustaría que fuera miembro de este grupo? (Sí o no). ¿Por qué?

Respuesta individual	Respuesta grupal

4. Análisis

Al término del ejercicio podrá observarse que existe diferencia en las respuestas dadas al cuestionario por algunos miembros y por los tres grupos en general en función del título que llevaba el caso que se les entregó y de las implicaciones o el mensaje implícito de dicho título. Así constataremos que algunos miembros están muy condicionados en sus respuestas e interpretaciones del caso por como se les presenta la información y por los prejuicios, mientras que, por el contrario, otros se resisten a este determinismo. Cada cual puede medir su comportamiento en estas circunstancias y juzgarse.

Los individuos y los grupos están fuertemente influidos por una serie de presiones o manipulaciones del medio en el que viven y que modifican su comportamiento.

Los medios de comunicación de masas tienen aquí un papel esencial, ya que son los vehículos más eficaces para modificar los cuadros de referencia y de valores de la opinión pública.

DINÁMICA 8: LAS PRIORIDADES

1. Objetivo

- Conocerse los miembros del grupo.
- Fomentar el sentimiento de grupo.
- Favorecer la cohesión del grupo.
- Destacar la importancia de la existencia de un objetivo común para que el grupo sea eficaz y aumente el rendimiento.

2. Instrucciones

- Se distribuye a los alumnos en grupos de 3 a 5 miembros, y estos grupos eligen un portavoz que los represente ante el gran grupo.
- El trabajo de los alumnos consiste en jerarquizar sus prioridades en un grupo de trabajo. Las posibles prioridades están expresadas en los enunciados del material a entregar al alumno. También tendrán que elegir un lema que represente a su subgrupo.
- De forma individual cada alumno jerarquiza sus prioridades.
- Discusión durante 20 minutos en su grupo sobre el orden correcto de las prioridades para llegar a un acuerdo y establecer el orden o la jerarquía del grupo.
- Elección de un lema que represente al grupo.
- El portavoz de cada grupo expone ante la clase las prioridades establecidas por su grupo y el porqué. También comunica el lema que representará a su grupo y qué significa.
- Discusión en gran grupo sobre la las ventajas e inconvenientes de las prioridades de cada grupo.

3. Material

Indique en orden decreciente, sus prioridades (de 1 a 5).

En un grupo de trabajo como el nuestro, considero que es importante sobre todo:

A. Mantener un clima de distensión en el que las personas se consideren libres para expresar personalmente lo que sienten y lo que piensan.
B. Tener objetivos claros y bien definidos, y utilizar un procedimiento que permita que la discusión se lleve a cabo con un orden lógico.
C. Adaptarse a las exigencias particulares de la tarea. Actuar de manera que se realice la máxima cantidad de trabajo dentro del tiempo de que se dispone, utilizando racionalmente los recursos existentes.
D. Respetar los valores democráticos. Procurar que todos tengan acceso a la información y puedan participar en cada una de las etapas de la decisión.
E. Mantener un espíritu de equipo en el que cada miembro se sienta responsable del conjunto de las actividades del grupo.

Lema que representa a mi grupo

4. Análisis

Llevar al grupo a la conclusión de que para que un grupo madure, progrese y rinda es tan necesario mantener un clima distendido en el que cada miembro se sienta responsable y perteneciente al grupo y respete valores democráticos, como que existan unos objetivos claros y comunes a todos los miembros del grupo que permitan adaptarse y realizar con éxito la tarea del grupo.

El hecho de que en un grupo sean prioritarias, en un momento dado, unas u otras de estás características dependerá del tipo de grupo del que se trate, y de cuál sea su objetivo, así como del tipo de líder del grupo.

Por lo general en un grupo de formación el objetivo es común para todos sus miembros (el objetivo de la formación), por lo que será importante que este objetivo quede bien definido por el docente, pero a la vez, para que sea posible la consecución de este objetivo es necesario que en el grupo exista el sentimiento de grupo y que cada miembro se sienta responsable de su propio aprendizaje, así como que se mantenga un clima distendido que haga posible el aprendizaje, en el que cada alumno se sienta a gusto y con libertad para hacer sus propias aportaciones y sugerencias.

DINÁMICA 9: LAS FIGURAS DE POFFEMBERGER

1. Objetivo

- Poner de manifiesto las ventajas del trabajo en equipo.
- Demostrar cómo mejora el resultado en la solución de problemas y toma de decisiones cuando se trabaja en equipo.

2. Instrucciones

El ejercicio consta de dos partes: una primera individual y una segunda grupal.

Se distribuye a los alumnos en dos grupos de 8 miembros para realizar el trabajo grupal. Cada grupo elegirá un portavoz para llevar sus conclusiones al resto de los alumnos.

Trabajo individual

- Se entrega a los alumnos la lámina con las 10 figuras.
- Se da a los alumnos la siguiente instrucción: «Las 10 figuras que aparecen en la lámina tienen áreas diferentes. Su tarea consiste en, de forma individual, ordenarlas de mayor a menor por el tamaño de su área, de tal forma que la figura con el área mayor será la número 1 y la figura con el área menor la número 10. No podrá ayudarse de ningún recurso técnico».

Trabajo en grupo

- Se entrega a los alumnos la hoja de recogida de datos en la que deben escribir el nombre de los miembros de su grupo.
- Se anota en la hoja de recogida de datos el número asignado a cada figura por cada uno de los miembros del grupo.
- Calcular los valores medios de los puestos asignados por los miembros

del grupo a cada figura y anotarlos en la fila «media». Por ejemplo la figura C ha obtenido los puestos 2, 4 y 1, su valor medio es 2,33.

- En función de estos valores medios establecer el orden de las figuras que resulta para el grupo y anotar los puestos asignados a cada figura en la fila «orden del grupo». Así la figura con un valor medio menor estará en el primer puesto considerándose como la de mayor tamaño y la figura con un valor medio mayor estará en el décimo puesto considerándose la de menor tamaño.
- Anotar el orden real de las figuras que aparece en la solución al ejercicio en la fila «orden real».
- Cada miembro del grupo calculará las diferencias entre el orden establecido por él de forma individual y el orden real y lo anotará en la fila «diferencias individuales». También calculará la suma de estas diferencias individuales y lo anotará en el recuadro correspondiente.
- El grupo calculará las diferencias entre el orden grupal y el orden real y se anotará en la fila «diferencias grupales». Se calculará la suma de estas diferencias grupales y se anotará la suma en el recuadro correspondiente.
- Comparar los puestos asignados a cada figura de forma individual y grupal con el orden real y las diferencias y su suma individuales con las grupales. Extraer las conclusiones pertinentes en relación con la utilidad del trabajo en grupos.
- El portavoz de cada grupo expone en el grupo-clase qué ha ocurrido en su grupo, si han existido diferencias entre los valores decididos de forma individual, y los del grupo, y a qué conclusiones han llegado.

3. Material

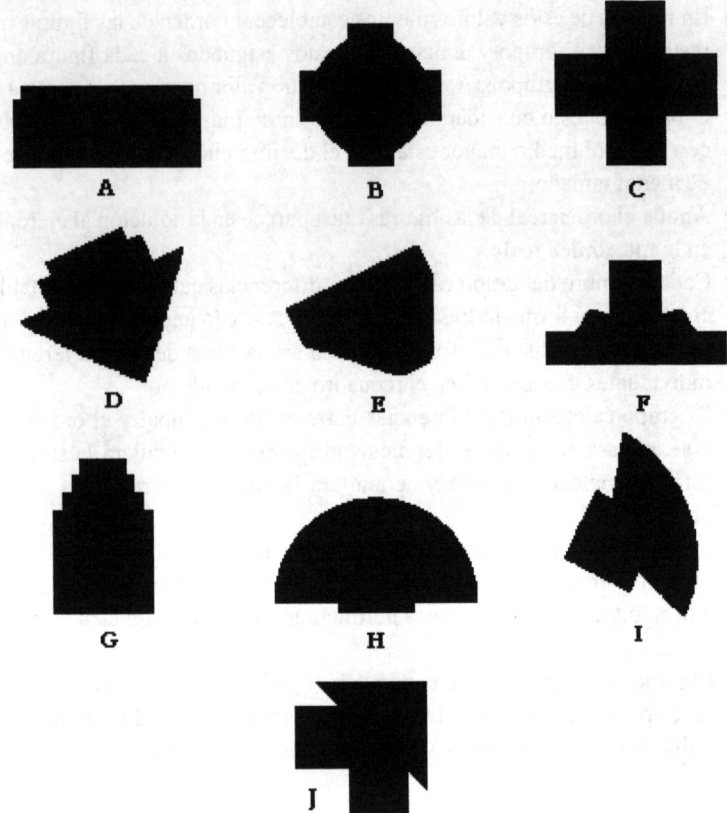

Miembro	Figuras											Suma
	A	B	C	D	E	F	G	H	I	J		
Media												
Orden grupo												
Orden real												
Diferencias individuales												Suma
Diferencias grupales												

5. Solución

Por orden de magnitud las figuras se ordenan de la siguiente manera:

Primera 1	C
Segunda 2	H
Tercera 3	A
Cuarta 4	B
Quinta 5	G
Sexta 6	I
Séptima 7	D
Octava 8	J
Novena 9	F
Décima 10	E

5. Análisis

En este ejercicio el resultado del grupo es mejor que el resultado de cada uno de los miembros individualmente y cuanto mayor sea el número de personas que han tomado parte en la tarea, más se aproximara el resultado a la realidad. Desde el momento en que los participantes en cada grupo lleguen a 8, el resultado obtenido será en general el correcto. Los errores individuales parecen compensarse en el grupo.

Así una de las ventajas del trabajo en grupo es que se suman las capacidades de los individuos y con ello disminuye el riesgo de las opiniones desacertadas.

Otra ventaja del trabajo en grupo frente al trabajo individual es que ha medida que se adquiere un sentimiento de solidaridad mejora la satisfacción personal y con ello el rendimiento del grupo. Un grupo con buen «ambiente de grupo» ejerce un influjo estimulante en cada uno de los miembros, que pueden alcanzar rendimientos que no lograrían en trabajo individual.

Capítulo 10

TOMA DE DECISIONES Y SOLUCIÓN DE PROBLEMAS EN GRUPO

INTRODUCCIÓN

Por lo general los grupos existen con algún propósito, tienen una función. El grupo tiene siempre una tarea definida explícita o implícitamente, siempre hay problemas que deben solucionarse, decisiones que deben tomarse, tiempo y esfuerzo que deben administrarse. Si nos preguntamos cuál es la manera más efectiva para resolver los problemas tomando las decisiones más adecuadas en cada momento, podríamos responder de manera intuitiva que, en primer lugar, conseguir información del problema, analizar esa información y tomar una decisión que resuelva el problema; pero deberíamos también pensar cuáles son los datos que necesitamos, cuáles son los métodos más eficaces para obtener la información más necesaria, cuál es la mejor forma de organizar la información, etc. Para intentar dar respuesta a estas cuestiones vamos a seguir el modelo propuesto por Schein en 1988.

En solución de problemas se pueden distinguir dos ciclos básicos de actividad, uno que ocurre antes de que se tome cualquier solución o acción, y otro que ocurre después de haberse tomado la decisión de actuar.

El primer ciclo consta de tres etapas:

1. Formular el problema: es la etapa más difícil debido a la posible confusión que se puede generar entre los síntomas que presenta el problema y el problema real. Es necesario identificar los síntomas y eliminarlos antes de empezar a solucionar el problema.
2. Generar propuestas para la solución: una vez que el problema se ha planteado de un modo adecuado, el grupo puede dedicarse a proponer ideas para resolverlo; en esta etapa es probable que la dificultad mayor se presente al evaluar las propuestas una por una, resultando imposible que el grupo obtenga una perspectiva suficiente del problema, al no tener una visión completa de las posibles ideas para su solución.

3. Pronosticar las consecuencias y comprobar las soluciones: esta etapa consiste en probar las ideas de cualquier solución dada, pronosticando y evaluando sus consecuencias, es importante que estén claros los criterios que el grupo debe usar para evaluar.

El segundo ciclo consta a su vez de dos etapas, en cualquiera de ellas el grupo puede descubrir que no formuló el problema correctamente, y puede regresar al primer ciclo para obtener una nueva reformulación. Las etapas son las siguientes:

1. Planificar y realizar la acción: Planificar la acción puede tratarse como un problema nuevo que requiere su propia formulación de ideas, y la consiguiente prueba de sus ideas. Una de las principales dificultades de esta etapa es hacer planes generales sin asignar responsabilidades claras, para saber lo que cada persona pondrá en práctica.
2. Evaluación de resultados: Para asegurar una evaluación adecuada, el grupo debe llegar a un consenso sobre los siguientes puntos:
   - Los criterios que se utilizarán para la evaluación.
   - Fechas y horarios.
   - Persona responsable de informar sobre los datos que serán evaluados.

La toma de decisiones en grupo es uno de los pasos claves en el proceso de solución de problemas. Existen diferentes métodos para tomar decisiones, cada uno tiene su utilidad en un momento determinado y cada método tiene ciertas consecuencias para futuras actuaciones del grupo. La selección del método más adecuado se llevará a cabo en función del tiempo disponible, los antecedentes del grupo, la naturaleza de la tarea o el tipo de problema y la calidad del clima que el grupo quiera establecer. Los métodos para la toma de decisiones en grupo más usuales son:

1. Decisión por falta de respuesta (desplome): ocurre cuando alguien sugiere una idea y, antes de que alguien más comente cualquier cosa sobre esa idea, algún otro presenta otra sugerencia, hasta que el grupo encuentra una con la cual puede actuar. La decisión ha consistido simplemente en no apoyar esas ideas, con lo cual las personas que las propusieron vieron que sus sugerencias se «desplomaron».
2. Decisión por autoridad formal o por autorización a sí mismo: en muchos grupos se comienza a trabajar con una estructura jerarquizada en la que se hace evidente que una persona con autoridad tomará la decisión. El grupo trabajará de forma activa, generando ideas y discusiones,

que una vez oídas servirán para tomar la decisión la persona con autoridad. Uno de los inconvenientes de este método es la poca implicación de los miembros del grupo cuando hay que poner en marcha la decisión tomada.
3. Decisión por minorías: cuando una, dos o tres personas emplean tácticas que producen acción y que pueden ser consideradas como decisiones, pero éstas se toman sin el consentimiento de la mayoría. Este tipo de decisiones están basadas en « el que calla otorga...» «parece que estamos todos de acuerdo, sigamos...» «alguien tiene alguna objeción, pues entonces continuemos...»
4. Decisión por mayoría: votación y/o sondeo. Es uno de los procedimientos más conocidos en la toma de decisiones; existen dos versiones, una versión simple consiste en sondear la opinión de todos después de un periodo de discusión y, si la mayoría piensa igual, suponer que esa es la decisión. La otra versión es más formal: expresar una alternativa o propuesta clara y pedir votos a favor, en contra y abstenciones.
5. Decisión por consenso: es uno de los métodos más eficaces pero también es el que requiere más tiempo. Consenso no es lo mismo que unanimidad, se trata de una situación en la que todos los miembros del grupo sientan que han tenido la oportunidad de ejercer influencia sobre la decisión. Si existió una alternativa clara a la cual se suscribió la mayoría de los miembros y si las personas que se opusieron a esta alternativa tuvieron la oportunidad de ejercer influencia sobre la decisión, entonces existió un consenso. El consenso, por tanto, sería definido por el hecho de que aquellos miembros que no tomaron la alternativa de la mayoría la entendieron sin embargo con claridad, y están dispuestos a apoyarla.
6. Decisión por consentimiento unánime: es el tipo de decisión ideal pero menos accesible. Consiste en que todos los miembros del grupo estén de acuerdo en la decisión a tomar.

Los grupos que trabajan en formación de formadores necesitan ser entrenados en toma de decisiones y solución de problemas puesto que toda la adquisición del aprendizaje y la metodología a seguir están basadas en el comportamiento del grupo, para ello contamos con diferentes tipos de dinámicas que nos llevarán a conseguir nuestro objetivo. Con el caso de «La Herencia» analizamos los procesos que intervienen en la toma de decisiones, «El Juego de Prisioneros» nos permite observar cómo se comporta un grupo en situaciones en las que hay que tomar una decisión, «Operación Suburbio» es una dinámica que nos permite analizar las causas y los resultados de las decisiones tomadas, «El Grupo de la ONU» pone de manifiesto la dificultad de llegar a acuerdos, «El Ejercicio del Cuadrado», es un clásico en dinámicas de grupos, entre otras finalidades se utiliza para analizar las actitudes de cooperación de los grupos, «En el Planeta Atlantis», «Mipp y Wors» y La oficina observamos el comportamiento del grupo en la solución de problemas.

DINÁMICA 1: LA HERENCIA

1. Objetivos

- Experimentar la dificultad del acuerdo.
- Tomar conciencia de los procesos que intervienen en la toma de decisiones.
- Comprobar la aparición de líderes.
- Adiestrar en la toma de decisiones por consenso.

2. Instrucciones

Se divide a los participantes en grupos de trabajo. Se reparte el documento en el que aparecen los herederos y los animales. Durante cinco minutos cada participante realiza su distribución de la herencia entre los herederos de forma individual.

En los diez minutos siguientes se procede a la votación. El grupo elaborará una única lista por medio de la votación. Una vez elaborada, el grupo inicia una discusión a través de la cual tratará de llegar al consenso. Los participantes deben exponer las razones que les han llevado a tomar las decisiones de su lista individual e igualmente evaluarán la lista por votación. Al término de treinta minutos, y aunque no se haya terminado el proceso, se da fin a la discusión.

3. Material

«Una anciana, miembro de diversas sociedades dedicadas a la cría y protección de animales, acaba de morir. Apasionada por los animales de todas las especies, poseía varios que alimentaba con cariño.

Legó su mini jardín zoológico a diversas personas o asociaciones, sin especificar a quién deberían ser confiados los diferentes animales».

Los animales:

- Seis peces exóticos.
- Un perro danés.
- Una tortuga.
- Un gato siamés (macho).
- Dos parejas de ratones blancos.
- Un perro de caza.
- Un canario.
- Una pareja de hámsters.
- Una pareja de monos.
- Un loro.
- Una boa (3,10 m).

Los herederos:

- Una comunidad de ancianos (hombres y mujeres).
- Un grupo de jóvenes (hogar de jóvenes).
- Una anciana sola (sesenta y dos años)
- Una familia (padre y madre, cuatro niños de tres a ocho años. Anticuarios).
- Dos trabajadores (hermanos, emigrados búlgaros).
- Una colonia de vacaciones (chicos y chicas de seis a doce años).
- Una mecanógrafa de veintinueve años, soltera.
- Un granjero de cuarenta y cinco años.
- Un internado escolar de adolescentes.
- Un cura de pueblo de cincuenta años.
- Una niña de diez años, paralítica (en silla de ruedas).

La tarea que debes realizar consiste en conceder a cada heredero el animal más adecuado a las necesidades de ambos. Para ello se debe confeccionar:

- una lista individual.
- una lista común a todo el grupo decidida por votación.
- una lista común a todas decidida por consenso.

4. Análisis

Puesta en común, en la que el docente establecerá un diálogo informal para que los participantes puedan comentar los diferentes pasos del ejercicio, destacando y haciéndoles reflexionar sobre los siguientes puntos:

- Eficacia de los diferentes métodos de toma de decisiones, con referencia concreta a la situación que acaban de vivir.
- Cuál ha sido la organización en el grupo a la hora de tomar la decisión.
- Destacar cómo las opiniones con más peso pueden ser aclaratorias de la aparición de líderes.
- Cómo es habitual que surjan dificultades para el consenso y cómo salvarlas.

DINÁMICA 2: JUEGO DE PRISIONEROS

1. Objetivo

- Observar cómo se comporta un grupo en situaciones en que hay que tomar una decisión.
- Analizar cómo un grupo toma decisiones si se encuentra en rivalidad frente a otro grupo.
- Analizar cómo todo grupo, al optar por un decisión, debe también tener en cuenta el posible comportamiento del grupo competidor.
- Experimentar cómo el provecho propio depende de estrategias de cooperación y decisión.
- Observar los efectos del premio y el castigo en la interacción sobre comportamientos de cooperación y competición.

2. Instrucciones

- Distribuir la clase en dos grupos numéricamente iguales en lo posible.
- Se le presenta a cada grupo el material con el problema y la matriz de decisión.
- Ambos grupos deben decidir con independencia uno de otro, si deben callar o hablar.
- Al final del juego ambos grupos deben comprar su libertad con una suma de dinero igual al de la suma de años de condena.

- Gana el grupo que tenga que pagar menos para comprar su libertad.
- El juego consta de 30 rondas.

Rondas 1 a 10

Cada miembro del grupo toma su decisión individualmente sin entrar en contacto con los demás miembros del grupo y anota la decisión en una papeleta.

Al final de cada ronda se cuentan las papeletas del grupo y la mayoría determina la decisión colectiva.

Se da a conocer la decisión de cada grupo y de la matriz se deduce el número de años de cárcel que le corresponde a cada grupo.

Rondas 11 a 20

En estas rondas la decisión de cada grupo es tomada en común, por consenso.

Al final de cada ronda se da a conocer la decisión de cada grupo y de la matriz se deduce el número de años de cárcel que le corresponde a cada grupo.

Rondas 21 a 30

Cada grupo establece un negociador. Los negociadores de cada grupo pueden discutir antes de las rondas número 21, 27 y 30.
La decisión de cada grupo se toma por consenso.
Al final de cada ronda se da a conocer la decisión de cada grupo y de la matriz se deduce el número de años de cárcel que le corresponde a cada grupo.
Al final de la ronda número 30, se recuenta el número de años de prisión que corresponde a cada grupo y se proclama el vencedor.

3. Material

Ustedes forman parte de un grupo que ha planeado una revolución en un país extranjero para derrocar al dictador local. Pero la policía del dictador los ha detenido y encarcelado. Ambos grupos están separados y no pueden comunicarse entre sí.

El fiscal no tiene pruebas concluyentes para acusarles en el proceso, pero quisiera dar un escarmiento ejemplar. Por eso acude, uno tras otro, a ambos grupos de prisioneros y les hace la siguiente propuesta:

Lo mejor para el grupo es que se declare culpable, en tal caso el fiscal les dejaría libres como testigos principales de cargo. El otro grupo sería condenado a 10 años de prisión. Si confiesan los dos grupos, el fiscal hará uso de clemencia y los dos grupos serán condenados a 6 años de prisión. Si ambos grupos se niegan a confesar, el fiscal les acusará de algunos delitos menores como tenencia ilícita de armas y robo y serán condenados a 2 años de prisión.

El problema expresado en años de cárcel quedaría de la siguiente manera:

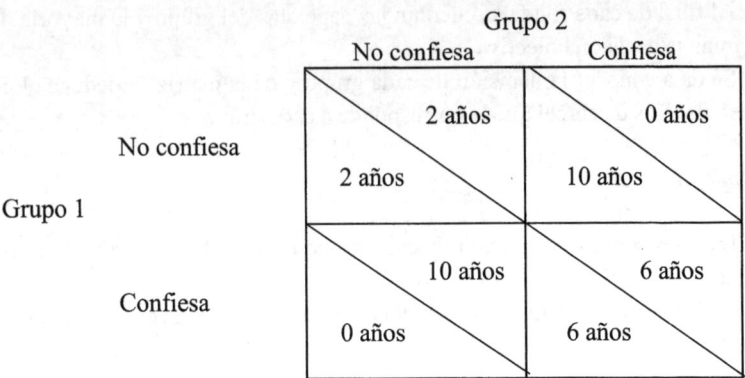

Cada grupo tiene que elegir entre confesar o no confesar pero ninguno sabe lo que hará el otro grupo.

4. Análisis

El dilema presentado no tiene una solución clara.

El docente hará reflexionar al grupo sobre el curso que sigue el proceso de decisión de un grupo en una situación como ésta y sobre la influencia que tiene la forma que se siga para adoptar una decisión en el buen resultado de la misma.

Establecer una discusión en el grupo sobre los siguientes aspectos:

- Modos de decisión en los grupos.
- Influencia en las decisiones adoptadas de determinadas estructuras o procedimientos de decisión (decisión individual, decisión por grupos o decisión a través de intermediarios).
- Influencia de las perspectivas de ganancia en las decisiones.
- Teorías que surgen sobre la estrategia contraria.

- Influencias de las sospechas de la decisión de los otros sobre las propias decisiones.
- Influencia en la situación por la colaboración obligada.
- Problemas que surgen cuando un grupo debe nombrar un representante.
- Aptitudes de los negociadores.
- Confianza del grupo en sus representantes.
- Cooperación frente a competición.

Los métodos de toma de decisiones no siempre logran que todos los participantes queden plenamente satisfechos con la resolución adoptada. Evidentemente lo mejor sería llegar a una unanimidad total. Eso sólo es posible a condición de que todos los participantes persigan un mismo objetivo (de ganancia, placer...).

En lo que se refiere al resultado de nuestras decisiones, no sólo dependemos del modo de actuar de los demás, sino que deberíamos hacer entrar en consideración las posibles actuaciones de los demás, antes de adoptar la decisión definitiva.

La mayoría de las veces no existen soluciones que sean óptimas para todos, los resultados deseados se obtienen sólo a costa de transacciones.

DINÁMICA 3: OPERACIÓN SUBURBIO

1. Objetivo

- Tomar conciencia de las causas y resultados de las decisiones adoptadas.
- Examinar el proceso de toma de decisiones en un grupo.
- Examinar las funciones desempeñadas por los miembros de un grupo en el proceso de toma de decisiones.

2. Instrucciones

- Distribuir la clase en cuatro grupos.
- Cada grupo representa a una empresa y su tarea está descrita en el material para cada grupo.
- Los cuatro grupos que intervienen pueden dialogar y colaborar entre sí durante el ejercicio, pero sólo dos de ellos pueden ganar, es decir completar su tarea.
- Los grupos deben tomar sus decisiones independientemente.

- Cada grupo debe consignar en un «diario de empresa», debidamente fechado, todos sus proyectos y decisiones adoptadas.
- Toda compra o venta de solares, o intercambios inmobiliarios deberá registrarse en el «catastro» (que será el docente).

3. Material

Material para el grupo A

Ustedes pertenecen a la directiva de «Occidental de Seguros, S.A». Esta sociedad posee las parcelas A_1, C_4, D_1, D_2 en el área de suburbios que tiene usted representada abajo. Su empresa quisiera adquirir otros cuatro lotes adyacentes para construir un bloque de viviendas. No es importante la ubicación del solar, pero deberá tener forma de escuadra.

Su firma no cuenta con disponible para comprar los solares que necesita. El capital de que dispone deberá dedicarlo a la construcción del inmueble. Pero ustedes esperan conseguir el dinero necesario mediante la venta de solares propios. Cada una de las parcelas tiene, en este momento un valor aproximado de 2 millones de pesetas.

A_1	A_2	A_3	A_4
B_1	B_2	B_3	B_4
C_1	C_2	C_3	C_4
D_1	D_2	D_3	D_4

Material para el grupo B

Ustedes pertenecen a «Siderurgia Nacional S. A.». La firma posee las parcelas A_3, B_1, C_1, C_2 en el área de suburbios que tiene dibujada en la figura. Sus instalaciones fabriles se encuentran en la parcela A_3.

A causa de la buena coyuntura del mercado, pretenden ustedes ampliar su empresa. Por eso ustedes pretenden adquirir tres parcelas colindantes con su solar, uniendo así su empresa a un ferrocarril industrial.

Su situación financiera es la siguiente: Por el momento disponen de 2.800.000 pesetas para permutas de solares, pero preferirían dedicar esa cantidad a la edificación de la nueva fábrica. El precio de cada una de las parcelas, en esa zona, es actualmente de unos 2 millones de pesetas.

A_1	A_2	A_3	A_4
B_1	B_2	B_3	B_4
C_1	C_2	C_3	C_4
D_1	D_2	D_3	D_4

Material para el grupo C

Ustedes pertenecen a la directiva de «Supermercados Económicos S.A.». Su empresa posee las parcelas B_2, C_3, D_3, A_4 de la misma zona de suburbios. Su firma proyecta levantar un gran centro comercial en esa zona. El centro comercial deberá estar ubicado en medio de una superficie rectangular de tal manera que, a los cuatro lados del edificio, puedan construirse amplios aparcamientos para los coches de los clientes. Por eso ustedes querrían llegar a poseer las parcelas B_2, B_3, C_2, C_3.

Por sus buenas relaciones con la comisión de urbanismo municipal, ustedes saben que próximamente va a construirse una autopista que pasará por esa zona de suburbios. Pero todavía no está determinado el trazado exacto de la autopista.

Su disponible líquido, en este momento, es de 2 millones de pesetas. Las parcelas de esta zona valen actualmente 2 millones de pesetas.

A_1	A_2	A_3	A_4
B_1	B_2	B_3	B_4
C_1	C_2	C_3	C_4
D_1	D_2	D_3	D_4

Material para el grupo D

Ustedes pertenecen a la directiva de «Inmobiliaria González S.A.». A causa de la especulación, su firma ha logrado adquirir algunos lotes en esa zona de suburbios. Actualmente posee las parcelas B_3, B_4, D_4, A_2.

Debido al crecimiento constante de la ciudad y a su creciente industrialización, es cosa segura que el precio del suelo va a aumentar notablemente en un futuro próximo.

Próximamente va a construirse una autopista que cruzará esta zona. Pero la noticia no se ha divulgado todavía. Ustedes querrían llegar a poseer los solares A_4, B_4, C_4, D_4 porque querrían vender al municipio la franja central de ese solar, para la nueva autopista. Con la nueva autopista, las franjas situadas a izquierda y derecha de la autopista, subirán notablemente de precio.

Ustedes quieren actuar con rapidez antes de que se divulgue la noticia de la nueva autopista, porque luego ya no se podrán adquirir las parcelas a los actuales precios.

A sus oídos ha llegado la noticia de que la Siderurgia Nacional, S. A. quiere también adquirir solares en ese sector para ampliar sus instalaciones.

Las parcelas individuales están, en este momento, a un precio de 2 millones de pesetas. Para comprar terrenos, cuentan ustedes con 4 millones de pesetas.

A_1	A_2	A_3	A_4
B_1	B_2	B_3	B_4
C_1	C_2	C_3	C_4
D_1	D_2	D_3	D_4

4. Análisis

Suscitar la discusión y el diálogo en el grupo sobre las causas y resultados de las decisiones tomadas y sobre el proceso de decisión y las funciones desempeñadas por cada miembro del grupo.

Aunque la distribución de funciones se haya hecho sin partidismo, descubrimos que no se han hecho únicamente distribuciones técnicas. En la interacción de los participantes entran también en juego factores psicológicos y sociales que se manifiestan como prestigio, liderazgo, etc. Estos factores pueden impedir una buena decisión.

Para el análisis de la dinámica nos pueden ser útiles las siguientes preguntas:

- ¿Qué decisiones se adoptaron?
- ¿Qué consecuencias inmediatas tuvieron las decisiones adoptadas?
- ¿A qué condicionamientos objetivos se vieron sometidos los participantes?
- ¿Qué influyó en las decisiones adoptadas?
- ¿Qué han aprendido los jugadores?
- ¿Qué errores cometieron los jugadores?
- ¿Qué camino seguirían los participantes en una próxima ocasión?
- ¿Qué imprecisiones aparecieron a lo largo de la dinámica?
- ¿A qué limitaciones personales e impedimentos se sentían sometidos los participantes por parte de sus compañeros?
- ¿Qué reacciones personales manifestaron los participantes en el marco de la dinámica?
- ¿Discurrió satisfactoriamente la colaboración entre los miembros del grupo y entre los grupos?
- ¿Hubo ataques personales y críticas entre los participantes?
- ¿Dio el grupo a todos los participantes la posibilidad de aportar sus experiencias e informaciones en el proceso de toma de decisión?
- ¿Reinó un ambiente de confianza, franqueza y colaboración?
- ¿Se prestó atención a las sugerencias y objeciones de todos?

DINÁMICA 4: GRUPO DE LA ONU

1. Objetivo

Hacer que los miembros del grupo tomen conciencia de la dificultad de ponerse de acuerdo sobre una decisión común.

2. Instrucciones

- Distribuir la clase en dos grupos numéricamente iguales en lo posible.
- Se le entrega a cada grupo la hoja de material en la que se le presenta una situación problema que ha de resolver.

3. Material

Eres miembro de un grupo de la ONU que lleva una serie de campamentos experimentales, situados fuera de las zonas civilizadas del mundo. Repentinamente, irrumpe la tercera guerra mundial y empiezan a caer bombas atómicas. Todo el mundo va corriendo hacia su silo atómico. En este momento recibís una llamada de urgencia de uno de vuestros campamentos pidiendo ayuda. Su problema es que son 10 personas y en un escondite tienen comestibles y otras cosas necesarias para sólo 6 personas durante tres meses, el tiempo mínimo que habrá que quedarse en el silo. Se dan cuenta de que si son ellos quienes deciden quién irá al escondite y quién no, nunca podrán llegar a una conclusión. Por lo tanto os piden la decisión que aceptarán. Pero sólo tenéis información superficial sobre ellos.

Como grupo tenéis que decidir a quién salvar y a quién no. Es posible que los 6 que salvéis serán los únicos en sobrevivir y serán los fundadores de la humanidad futura. La elección, por lo tanto, es importante. Tened en cuenta que si vuestro grupo no llega a una decisión les estáis forzando a decidir por sí mismos, y en tal caso, es posible que no sobreviva nadie. A la vez, cada uno tiene que intentar convencer a los demás del grupo que los que él ha elegido son los mejores.

Estas son las 10 personas:

- Una chica de 16 años, tiene E.G.B., no trabaja, toma drogas.
- Un cura obrero de 25 años, que trabaja en una fábrica.
- Un policía con una pistola (la pistola la llevará siempre el policía), 30 años.
- Una mujer médico, 35 años, muy de derechas.
- Un miembro de E.T.A., estudia 4º de Medicina.
- Un famoso autor-historiador, 42 años.
- Un atleta olímpico, practica varios deportes.
- Una estrella de cine, canta y baila.
- Un bioquímico, 32 años, propuesto para premio Nobel, homosexual.
- Una chica que estudia 2º de Derecho.

4. Análisis

Se sitúa al grupo frente a un problema que debe resolver para que, por medio de intercambios, llegue a un acuerdo, así como a una decisión que recoja el sentir general de todos los miembros.

Las reglas que determinan la forma de tomar decisiones en un grupo influyen en el trabajo de ese grupo.

En unos grupos es una sola persona la que toma las decisiones, en otros es por mayoría, y en otros se intenta llegar a un consenso.

Decisiones tomadas por un solo individuo

Son rápidas. Es un método eficaz. Se acepta bien cuando los miembros no quieren asumir responsabilidades por sí mismos. Tiene sus desventajas: la persona que decide puede no poseer la información o la habilidad técnica necesaria. Los miembros no consultados no se sienten implicados y pueden sabotear las opciones y mostrarse pasivos, aunque al principio no muestren disconformidad.

Decisiones tomadas por mayoría

Anima a que muchos miembros del grupo colaboren con su información y sus opiniones. La decisión final es mejor aceptada que la tomada por un solo individuo.

Pero votar tiene sus inconvenientes: polariza al grupo y lo único importante es ganar. Se discute, se buscan otros que les apoyen y se enfrentan los que no están de acuerdo. Hay vencedores y vencidos. Todo ello puede dificultar el trabajo en grupo.

Decisiones tomadas por acuerdo

En estas decisiones se intenta llegar a una opción con la que todos están conformes y la apoyen. No hay perdedores. Las ideas, experiencias y necesidades de todos se toman en consideración. Todos buscan la mejor solución. Las opiniones de la minoría son escuchadas. La agresividad entre los miembros desciende a niveles mínimos.

A pesar de sus ventajas no siempre se puede o se debe llegar a un consenso, por ejemplo, cuando no se dispone de tiempo o las consecuencias son de poca importancia.

Conducta del docente respecto a la toma de decisiones

- En las discusiones sobre procedimientos en clase, o cuando busca la solución a un problema del grupo, debe animarles a que encuentren una solución satisfactoria para todos.

- En el proceso para la toma de decisiones tiene que ver si hay disidentes, comprobar si se les ha escuchado y si apoyan la decisión.
- No debe forzar al grupo para tomar una decisión artificial: el grupo puede intentar quedar bien con el docente. El hecho de no llegar a un consenso no implica un fracaso. Lo importante es que se oigan mutuamente y tengan en cuenta todas las opiniones.
- Debe ayudar al grupo a comprender que el consenso se puede conseguir de muchas maneras:
  - Una parte persuade a la otra mediante argumentaciones.
  - Una parte cede.
  - Ambas partes buscan una alternativa nueva.
  - Se hace un replanteamiento del problema.
  - Cada parte cede en algo.
  - Deciden esperar para conseguir más información.
- Debe ofrecer sugerencias para que los miembros puedan ser útiles al grupo para llegar a un acuerdo:
  - Evitar puntos de vista personales, ser objetivos.
  - Evitar situaciones «ganar-perder».
  - No variar la opinión sólo para evitar el conflicto.
  - Ver las diferencias de opinión como algo positivo y enriquecedor.
- El educador con su propia conducta debe ser el modelo de una actitud de búsqueda de consenso cuando él mismo trabaja con el grupo, escucha y atiende todas las opiniones no sólo las de los más atrevidos, hace posible que las minorías se expresen, cuando alguien disiente pregunta el por qué.

DINÁMICA 5: EJERCICIO DEL CUADRADO

1. Objetivo

- Analizar la actitud de cooperación de grupos que trabajan en la solución de un problema bajo la presión de un estrés (en nuestro caso, la premura del tiempo).
- Vivenciar y diagnosticar problemas y conflictos al resolver problemas en común sin dominio recíproco.

2. Instrucciones

- Preparación de las piezas del cuadrado: dibujar los cinco cuadrados que aparecen a continuación. Los cuadrados deben ser todos de las mismas dimensiones (10 por 10 cm aproximadamente). Recórtelos luego en las piezas que indican las figuras, pero cuidando de que las piezas que lleven la misma letra tengan las mismas dimensiones y sean intercambiables. Estas letras no deben aparecer en las piezas recortadas y sólo sirven para orientarse como organizador del juego.

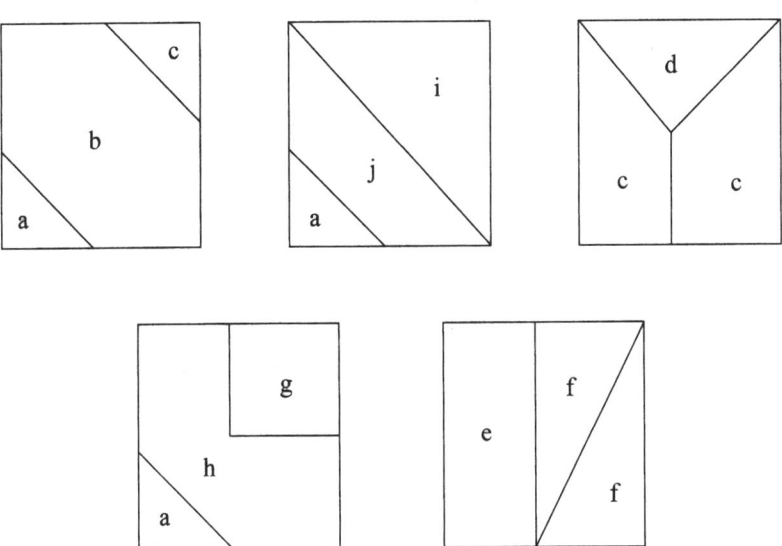

- Por cada grupo de los que participan en el juego, se necesita un sobre de cinco cuadrados.
- Preparar mesas para grupos de 5, en cada mesa debe haber un juego de piezas y una hoja de instrucciones.
- Cada grupo que entre en el juego constará de 5 miembros. Si el número de los participantes no es divisible por 5, los restantes serán observadores y tendrán por misión observar el proceso de cooperación y cuidar de que sean respetadas las reglas del juego.
- Cada uno de los participantes recibe su sobre y se leen las instrucciones.
- Dejar tiempo a los grupos para la discusión hasta que el último haya terminado.
- Comparación de los grupos, informe de los observadores.

Los sobres designados con las letras A, B, C, D, E, constan de las siguientes piezas:

SOBRE A	SOBRE B	SOBRE C	SOBRE D	SOBRE E
i, h, e	a, a, a, c	a, j	d, f	g, b, f, c

Los lotes de piezas son tales que ninguno de los jugadores puede reconstruir por sí solo un cuadrado.

3. Material

En el centro de la mesa hay cinco sobres. Cada uno de estos sobres contiene fragmentos de formas diferentes para componer un cuadrado.

La tarea de cada grupo es confeccionar, al darse la señal de comienzo, cinco cuadrados exactamente iguales de tamaño.

La tarea ha terminado cuando cada jugador tiene ante sí un cuadrado completo de tamaño exactamente igual al de todos los demás miembros del grupo.

Los jugadores no deben hablar una sola palabra durante el juego. Tampoco pueden tratar de entenderse por señas.

Si un jugador no puede aplicar una pieza a su figura, debe ponerla en medio de la mesa o pasársela a otro jugador, pero nadie puede intervenir directamente en la figura de otro.

Cada miembro puede tomar piezas del centro, pero nadie puede montar piezas en el centro de la mesa.

Ningún jugador puede arrebatar ni pedir piezas a sus compañeros, ni dar a entender que necesita una pieza determinada.

Vence el grupo que primero haya construido los cinco cuadrados.

4. Análisis

La razón por la que los jugadores no pueden hablar ni una palabra es la siguiente:
En un grupo que no tiene un jefe oficial ni reconocido, los miembros, al menos en teoría, gozan de iguales derechos. Pero en la práctica, casi siempre viene a resultar que uno o varios de los miembros del grupo tratan de avasa-

llar a los demás. Con frecuencia lo logran los que más o mejor hablan. Los más callados del grupo, muchas veces, no acaban de darse cuenta de que se dejan avasallar por otros, porque los charlatanes parecen tener de su parte todas las razones, y apenas es posible ponerles una objeción. Sin embargo una vaga sensación de malestar, causada por estos «sabelotodo», se va abriendo paso, aunque los interesados no acaben de darse cuenta del origen de las subsiguientes maniobras de entorpecimiento.

En cambio, en este juego nadie puede avasallar a nadie; las reglas del juego les arrebatan de las manos todas las armas, verbales o no. Todos necesitan de todos. No es posible la formación de grupos de presión.

Como ayudas para el análisis pueden servir las siguientes preguntas:

- ¿Qué sentimientos y formas de comportamiento toman cuerpo en un grupo cuando todos sus miembros deben comportarse de la manera descrita en el ejercicio?
- ¿Qué es lo que impide la terminación de la tarea emprendida? ¿Qué es lo que la favorece?
- ¿Qué sentimientos se experimentan cuando uno de los miembros del grupo retiene una pieza decisiva sin que, por otra parte, acabe él de encontrar la solución?
- ¿Qué sentimientos se experimentan cuando uno de los miembros del grupo ha completado su cuadrado incorrectamente y demuestra sentirse satisfecho consigo mismo?
- ¿Qué pensaban los demás de este autosatisfecho?
- ¿Qué sentía el satisfecho de sí mismo?
- ¿Qué se siente respecto a los participantes que no acaban de dar con la solución?
- ¿Sentimientos de repulsa o de ayuda?
- ¿Coinciden, y hasta qué punto, los sentimientos y vivencias experimentados durante el juego con las similares experiencias y vivencias de aquellos que colaboran en el trabajo cotidiano?

DINÁMICA 6: EN EL PLANETA ATLANTIS

1. Objetivo

Analizar cómo se comporta un grupo al resolver un problema, cuando cada uno de sus miembros sólo posee informaciones parciales.

2. Instrucciones

Cada frase de las que encontramos a continuación constituye una tarjeta. Estas tarjetas se mezclan y se distribuyen a los miembros del grupo. Todos pueden intercambiar de palabra las informaciones que tienen en las tarjetas, pero ningún miembro del grupo puede soltar de la mano sus tarjetas. Tampoco se puede designar un jefe o coordinador del juego.

- El Zin está hecho de bloques verdes.
- Un día en Atlantis está dividido en Schalibs y Ponks.
- En Atlantis el 5º día de la semana es Doldromio.
- El trabajo en Atlantis comienza el primer día de la semana.
- La altura del Zin es de 100 pies.
- Cada trabajador se toma momentos de descanso durante el trabajo diario que duran 16 Ponks.
- ¿De qué forma se sostiene el Zin?
- Cada equipo incluye dos mujeres.
- El tercer día de la semana es el Skardio.
- Un miembro de cada equipo tiene deberes religiosos y no coloca bloques.
- El Zin está construido de bloques de piedra.
- El Zin mide 50 pies de longitud.
- Solamente un equipo trabaja en la construcción del Zin.
- ¿Qué es un Cubit?
- Cada bloque tiene un pie cúbico.
- El verde tiene un significado religioso especial en Mermadio.
- Hay 3,5 pies en una yarda megalítica.
- Cada trabajador coloca 150 bloques por Schalib.
- A cualquier hora del horario de trabajo hay un equipo de 9 personas en el lugar de trabajo.
- El día de trabajo tiene 9 Schalibs.
- ¿Se trabaja en Domingo?
- ¿Que es un Zin?
- Hay 8 Ponks en un Schalib.
- En Atlantis el segundo día de la semana es el Neptimio.
- Hay 5 días de la semana en Atlantis.
- La profundidad del Zin es de 10 pies.
- No se trabaja en Doldromio.
- En Atlantis el primer día de la semana es el Aquadio.
- Un Cubit es un cubo en el que todos los lados miden una yarda megalítica.

3. Material

En una lejana galaxia gira un planeta parecido al nuestro. Nos ha llegado la siguiente información, algo desordenada. Van a erigir en Atlantis un monumento en conmemoración de la llegada de los primeros terrícolas. Nos preguntamos qué día de la semana terminará de construirse el monumento.

4. Solución

- Hay 5 días de la semana en atlantis:

    Primer día de la semana: Aquadio.
    Segundo día de la semana: Neptimio.
    Tercer día de la semana: Skardio.
    Cuarto día de la semana: Mermadio.
    Quinto día de la semana: Doldromio.

- No se trabaja en Doldromio.
- El trabajo en atlantis comienza el primer día de la semana.
- Un día está dividido en Schalibs y Ponks.
- Hay 8 Ponks en un Schalibs.
- El día de trabajo tiene 9 Schalibs.
- Solamente un equipo trabaja en la construcción del Zin.
- A cualquier hora del horario de trabajo hay un equipo de 9 personas en el lugar de trabajo.
- Un miembro de cada equipo tiene deberes religiosos y no coloca bloques (8 personas que colocan bloques en el equipo).
- Cada trabajador se toma momentos de descanso durante el trabajo diario que duran 16 Ponks (2 Schalibs).
- Cada trabajador coloca 150 bloques por Schalibs.
- Un día de trabajo: 9 Schalibs - 2 Schalibs de descanso = 7 Schalibs.
- Cada trabajador en un día coloca (7 Schalibs por 150 bloques) 1050 bloques.
- Un equipo en un día de trabajo coloca (1050 bloques por 8 personas) 8400 bloques.
- La altura del Zin es de 100 pies.
- El Zin mide 50 pies de longitud.
- La profundidad del Zin es de 10 pies
- El Zin mide (100 . 50 . 10) 50000 pies cúbicos

- El Zin está construido de bloques de piedra.
- Cada bloque tiene un pie cúbico.
- El Zin contiene 50000 bloques.
- Se necesitan (50000 bloques / 8400 bloque por día de trabajo) 5,9 días para construir el zin.

Terminarían por tanto en Neptimio.

5. Análisis

¿Cómo se comporta un grupo que no tiene un jefe designado, en la resolución de un problema, cuando cada uno de sus miembros sólo posee informaciones parciales que deben intercambiarse mutuamente? Pero aún es un poco más complicada la tarea: algunas de las informaciones son decisivas para la solución del problema, otras totalmente accesorias.

¿Ya ha observado qué difícil puede resultar el intercambio de informaciones? Y, sin embargo en este juego sólo se trataba de una tarea sencilla: el objetivo estaba bien definido y el grupo, en su conjunto, poseía todas las informaciones precisas. Pero incluso estos problemas sencillos requieren espíritu de colaboración y, sobre todo, una acertada distribución de las funciones entre los miembros del grupo. Si esta distribución de funciones no se logra (por ejemplo porque todos pretenden dirigir el grupo y dar órdenes el trabajo del equipo acaba en una total confusión.

¿Cómo se llega a convertir en un problema la cuestión de la distribución de funciones? Todo aquel que colabora en un grupo renuncia inicialmente a una parte de las libertades propias del que camina en solitario. Eso mismo hace que los otros miembros del equipo le parezcan una especie de domadores de leones, frente a los que hay que afirmar la propia personalidad y las personales ambiciones.

Por otra parte, sigue en pie el deseo de ser aceptado por los demás y de ser bien acogido en el grupo.

La regla básica para un trabajo en equipo será la siguiente: hay que acertar a conjugar el deseo de afirmación de sí mismo y de adaptación al grupo. Lo mejor será que todos los miembros del grupo sepan asimilar las aspiraciones del grupo, identificándose plenamente.

DINÁMICA 7: MIPPS Y WORS

- Este juego es una variante del anterior: «En el planeta Atlantis».

1. Objetivo

Analizar cómo se comporta un grupo al resolver un problema, cuando cada uno de sus miembros sólo posee informaciones parciales.

2. Instrucciones

Cada frase de las que encontramos a continuación constituye una tarjeta. Estas tarjetas se mezclan y se distribuyen a los miembros del grupo. Todos pueden intercambiar de palabra las informaciones que tienen en las tarjetas, pero ningún miembro del grupo puede soltar de la mano sus tarjetas. Tampoco se puede designar un jefe o coordinador del juego.

- ¿Qué distancia hay de A a B?
- De A a B, hay 4 Lutts.
- ¿Qué distancia hay de B a C?
- De B a C hay 8 Lutts.
- ¿Qué distancia hay de C a D?
- De C a D hay 10 Lutts.
- ¿Qué longitud tiene un Lutt?
- Un Lutt tiene 10 Mipps.
- ¿Qué es un Mipp?
- El Mipp es una medida de longitud.
- ¿Cuántos Mipps tiene un kilómetro?
- Un kilómetro tiene 2 Mipps.
- ¿Qué es el Dar?
- El Dar tiene 10 Wors.
- ¿Qué es un Wor?
- El Wor tiene 3 Mirs.
- ¿Qué es el Mir?
- El Mir es una unidad de tiempo.
- ¿Cuántos Mirs tiene una hora?
- Una hora tiene 2 Mirs.
- ¿Con qué velocidad va ese señor de A a B?

- De A a B, ese señor va con una velocidad de 24 Lutts por Wor.
- ¿Con qué velocidad va ese señor de B a C?
- De B a C, ese señor va con una velocidad de 30 Lutts por Wor.
- ¿Con qué velocidad va ese señor de C a D?
- De C a D, el señor camina con una velocidad de 30 Lutts por Wor.

3. Material

Suponga que el Lutt y el Mipp son nuevas medidas de longitud y que el Dar, el Wor y el Mir representan nuevas unidades de tiempo y que han llegado a ser de uso corriente.

Un señor camina desde la ciudad A, pasando por las ciudades B y C, hasta la ciudad D. El trabajo de su grupo está en determinar cuántos Wor empleará en ir de A a D. Gana aquel grupo que encuentre primero la solución.

4. Solución

Para ir de A a D ese señor emplea 23/30 Wors.

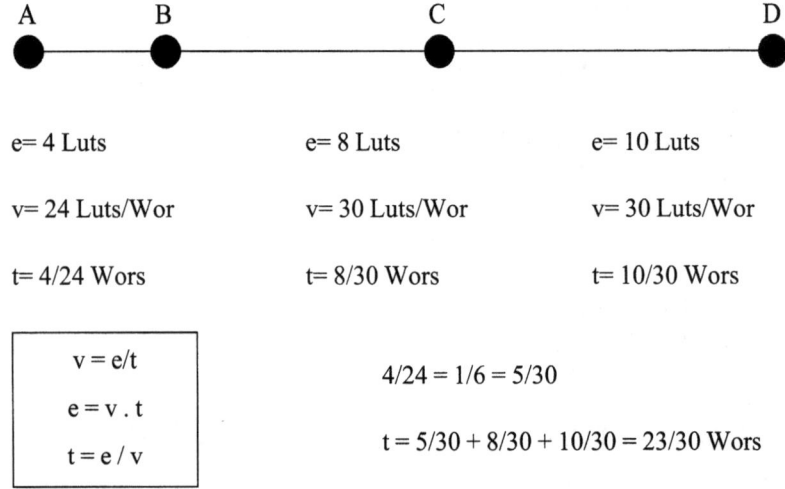

5. Análisis

¿Cómo se comporta un grupo que no tiene un jefe designado, en la resolución de un problema, cuando cada uno de sus miembros sólo posee informaciones parciales que deben intercambiarse mutuamente? Pero aún es un poco más complicada la tarea: algunas de las informaciones son decisivas para la solución del problema, otras totalmente accesorias.

¿Ya ha observado qué difícil puede resultar el intercambio de informaciones? Y, sin embargo en este juego sólo se trataba de una tarea sencilla: el objetivo estaba bien definido y el grupo, en su conjunto, poseía todas las informaciones precisas. Pero, aun estos problemas sencillos requieren espíritu de colaboración y, sobre todo, una acertada distribución de las funciones entre los miembros del grupo. Si esta distribución de funciones no se logra (por ejemplo porque todos pretenden dirigir el grupo y dar órdenes), el trabajo del equipo acaba en una total confusión.

¿Cómo se llega a convertir en un problema la cuestión de la distribución de funciones? Todo aquel que colabora en un grupo renuncia inicialmente a una parte de las libertades propias del que camina en solitario. Eso mismo hace que los otros miembros del equipo le parezcan una especie de domadores de leones, frente a los que hay que afirmar la propia personalidad y las personales ambiciones.

Por otra parte, sigue en pie el deseo de ser aceptado por los demás y de ser bien acogido en el grupo.

La regla básica para un trabajo en equipo será la siguiente: hay que acertar a conjugar el deseo de afirmación de sí mismo y de adaptación al grupo. Lo mejor será que todos los miembros del grupo sepan asimilar las aspiraciones del grupo, identificándose plenamente.

DINÁMICA 8: LA OFICINA

1. Objetivo

- Analizar el comportamiento del grupo ante la resolución de un problema.
- Analizar la competitividad entre grupos.

2. Instrucciones

- Se distribuyen los asistentes en grupos pequeños, máximo cinco miembros.
- Se entrega la hoja de material en la que se dan instrucciones para la resolución del ejercicio.
- Se dice verbalmente que hay un máximo de 30 minutos para resolver el caso.

3. Material

«La oficina de un pequeño negocio está integrada por el gerente, el asistente del gerente, el cajero, un dependiente, un oficinista y un taquígrafo. El personal empleado lo constituyen: Sr. Botella, Sr. Sánchez, Srta. Jiménez, Sra. de Pérez, Srta. Crespo y el Sr. Díaz. Vuestro trabajo es encontrar quién es el cajero».

- El asistente del gerente es nieto del gerente.
- El Sr. Botella es soltero.
- El Sr. Sánchez tiene 21 años.
- El cajero es yerno del taquígrafo.
- El dependiente es la hermanastra de la Srta. Jiménez.
- El Sr. Díaz es vecino del gerente.

4. Solución

El cajero es el Sr. Sánchez.

5. Análisis

Suscitar la discusión y el dialogo en el grupo sobre el proceso de solución del problema y las funciones desempeñadas por cada miembro del grupo.

Destacar el hecho de que para distribuir las funciones no se tienen en cuenta únicamente factores técnicos, sino que también entran en juego en esta distribución factores psicológicos y sociales como prestigio, liderazgo, etc.

Para el análisis de la dinámica nos pueden ser útiles las siguientes preguntas:

- ¿A qué solución se llegó?
- ¿La solución aportada por cada grupo era la correcta?
- ¿A qué condicionamientos objetivos se vieron sometidos los participantes?
- ¿Hubo distribución de funciones?
- ¿Surgieron líderes en los grupos?
- ¿Qué han aprendido los jugadores?
- ¿Qué errores cometieron los jugadores?
- ¿Qué camino seguirían los participantes en una próxima ocasión?
- ¿Qué imprecisiones aparecieron a lo largo de la dinámica?
- ¿A qué limitaciones personales e impedimentos se sentían sometidos los participantes por parte de sus compañeros?
- ¿Qué reacciones personales manifestaron los participantes en el marco de la dinámica?
- ¿Discurrió satisfactoriamente la colaboración entre los miembros del grupo y entre los grupos?
- ¿Hubo ataques personales y críticas entre los participantes?
- ¿Dio el grupo a todos los participantes la posibilidad de aportar sus experiencias e informaciones?
- ¿Reinó un ambiente de confianza, franqueza y colaboración?
- ¿Se prestó atención a las sugerencias y objeciones de todos?

BIBLIOGRAFÍA

Anton, K. (1990). *Práctica de la dinámica de grupos*. Barcelona: Herder.
Asociación Española de Directores de Escuelas de Mandos Intermedios (1977). *Teoría y práctica de la formación de adultos*. Bilbao: Ediciones Deusto S.A.
Atkinson, J. W. (1958). *Motives in fantasy, action and society*. Nueva York: Van nostrand.
Aubry, J. M. y Saint-Arnaud, Y.(1972). *Dinámica de grupos*. Madrid: Euramérica.
Ausubel, D. P. (1963). *The psychology of meaningful verbal learning*. Nueva York: Grune and Stratton.
Ball, S. (1988). *La motivación educativa*. Madrid: Narcea.
Bandura, A. (1977). *Social learning theory*. Englewood Cliffs: Prentice Hall.
Bany, M. A. y Johnson, L. V. (1975). *Educational social psychology*. Nueva York: Mcmilan.
Barbier, J. M. (1991). *Elaboration des projets d'action et planification*. París: PUF.
Beauchamp, A.; Graveline, R. y Quiviger, L. (1985). *Cómo animar a un grupo*. Santander: Sal Terrae.
Birkenbihl, M . (1989). *Formación de Formadores*. Madrid: Paraninfo.
Bloom, B. et al. (1975). *Taxonomía de los objetivos de educación*. Alcoy: Marfil.
Brandsford, J. D. (1979). *Human cognition: learning understanding, and remembering*. Belmont: Wadsworth.
Bruner, J. S. (1977). *El proceso mental en el aprendizaje*. Madrid: Narcea.
Carrasco, J. B. (1991). *Técnicas y recursos para el desarrollo de las clases*. Madrid: Rialp.
Cerdá, E. (1972). *Una psicología de hoy*. Barcelona: Herder.
Colom, A.; Sarramona, J.; Vazquez, G. (1994). *Estrategias de formación en la empresa*. Madrid: Narcea.
Corraze, J. (1986). *Las comunicaciones no verbales*. Madrid: G. Núñez.
Del Pozo, P. (1993). *Formación de Formadores*. Madrid: Eudema.

Dunker, K. (1945). On soving problems, en *«Psychological mongraphs»*, n° 58.
Dunnete, M. D. y Irchner, W, K. (1972). *Psicología industrial*. México: Trillas.
Eggen, P. D.; Kauchak, D. P. y Harder, R. J. (1979). *Strategies for teachers: information processing in the classroon*. Englewood Cliffs: Prentice-Hall.
Fritzen, S. J. (1988). *70 Ejercicios prácticos de dinámica de grupos*. Santander: Sal Terrae.
Gagne, R. M. (1973). *Las condiciones del aprendizaje*. Madrid: Aguilar.
Gagne, R. M. Y Briggs, L.J.(1976). *La planificación de la enseñanza*. México: Trillas.
Gibb, J. R. (1971). *Manual de dinámica de grupos*. Buenos Aires: Humanitas.
Gil Rodriguez, F. y García Saín, M. (1993). *Grupos en las organizaciones*. Madrid: Eudema.
Harrow, A. J. (1976). *Taxonomía del ámbito psicomotor*. Alcoy: Marfil.
Hebb, D. O. (1949). *The organization of behavior*. Nueva York: Wiley.
Hill, W. F. (1971). *Teorías contemporáneas del aprendizaje*. Buenos Aires: Paidós.
Jiménez Hernande-Pinzón, F. (1991). *La comunicación interpersonal: ejercicios educativos*. Madrid: Icce.
Kirten, R. E.; Müller-Schwaz, J. (1975). *Entrenamiento de grupos*. Barcelona: Herder.
Krathwohl, D. R.; Bloom, B. S. y Masia, B. B. (1973). *Taxonomía de los objetivos de educación, vol, II: Ámbito afectivo*. Alcoy: Marfil.
Krech, D.; Crutchfield, R. S. Y Ballachey, E. L. (1977). *Psicología social*. Madrid: Biblioteca Nueva.
Leavitt, H. J. «Some effects of certain communication patterns on group performance». *J. abn. soc. psych.*, 46: 38-50 (1951).
Leavitt, H. J. y Müller, R. A. H.: *Human relations*. 4: 401-440 (1951).
Lewin, K. (1967). *Field theory in social science*. London: Associated Book Publishers Ltd.
Maier, N. R. F. (1975). *Psicología industrial*. Madrid: Rialp.
Maslow, A. H. (1963). *Motivación y personalidad*. Barcelona: Sagitario.
Mc Clelland, D.; Atkinson, J, W.; Clark, R. W. y Lowell, E. L. (1978). *El motivo de realización puede desarrollarse*. Bilbao: Deusto.
Morales, J. (1995). *Psicología social*. Madrid: Mc Graw-Hill.
Murray, H. (1938). *Explorations in personality*. Nueva York: Oxford University Press.
Rohracher, H. (1967). *Introducción a la psicología*. Barcelona: Científico médica.

Schein. E. H. (1990). *Consultoría de procesos. Su papel en el desarrollo organizacional*. Vol. 1 y 2. México: Addison-Wesley Iberoamericana.

Secord, P. F. (1977). *Psicología social.* Madrid: Mc Graw-Hill.

Skinner, B. F. (1977). *Ciencia y conducta humana.* Barcelona: Fontanella.

Stern, G. y Masling, J. (1960). Psychological Research Center. Syracusa University, New York.

Thorndike, E. L. (1913). *Educational psychology, on the psychology of learning.* Nueva York: Teachers College, Columbia University.

Vega, M. (1984). *Introducción a la psicología cognitiva.* Madrid: Alianza Editorial.

Weiner, B. (1972). *Theories of motivation: from mechanism to cognition.* Chicago: Rand Mc Nally.

Woolfolk, A. E. y Mc Cune, L. (1989*). Psicología de la educación para profesores.* Madrid: Narcea.

Younf, P. T. (1961). *Motivation and emotion.* Nueva York: Wiley.